バビロン大富豪の教え

The Richest Man In Babylon

「お金 五つの黄金法則

イソン

文響社

バビロン 大富豪の教え

あなたの目の前には、彼方《かなた》まで続く道のごとく、未来が広がっている。
その道の途中には、果たしたい野望があり……満たしたい欲望がある。

野望を果たし、欲望を満たすには、まず財を築かなくてはならない。
本書でつまびらかにされる蓄財の極意が、必ずやあなたの役に立つだろう。この極意に導かれて、痩《や》せ細った財布をまるまると肥え太らせ、つましかった暮らしをより楽しく豊かなものにするがよい。

引力の法則と同様、この極意はあまねく宇宙を支配し、歳月にも色あせることがない。願わくばこの極意が、過去あまたの人々に資してきたそのように、あなたの財布をふくらませ、預金残高を増やし、財貨の豊《ほう》饒《じょう》な流れを呼び込む確かなよすがとならんことを。

まえがき

国が栄えるには、国民ひとりひとりが富み栄えなくてはなりません。

この本のテーマは、わたしたち個々人の経済的成功にあります。成功とは、わたしたち自身の努力と能力の成果として得られる実りを意味します。しかるべき準備こそが、成功への鍵。人は頭で考えていること以上に賢明な行動はとれないし、頭で理解していること以上に賢明なことは考えられないものです。

〝痩《や》せた財布〟を肥やすための極意を説いたこの本は、〝天下の回りもの〟であるお金の回りかたを理解するための指南書として読まれてきました。そう、それこそがこの本の目的と言っていいでしょう。つまり、財を成そうという野心を抱く皆さんへ、富を得るための、富を手放さぬための、そして余剰の富にさらなる富を稼がせるための、知恵を授けることが。

これから先、わたしたちは古代都市バビロンへと時をさかのぼります。今日、世界じゅうで認められ、実践されている蓄財の原則は、そこで育まれたのです。

この本を初めてお読みになる方々が、これまでの熱烈な読者の皆さんと同様、ページに盛られた叡智《えいち》を糧《かて》として、預金残高を増やし、福徳を築き、さらには経済的な問題を乗り越えられることを、著者としては切に願っています。

また、これまで多くの心ある実業家の皆さんが、この寓話《ぐうわ》をご自分の友人に、親類縁者に、従業員に、仕事仲間に、惜しみなく分け与え、広めてくださいました。この場をお借りして、感謝の意を表します。この本に示された極意に則《のっと》って、大いなる成功を勝ち得た皆さんが、この教えに心服し、喧伝《けんでん》してくださるのであれば、それにまさる後押しはありません。

いにしえの世界において、バビロンが最も豊かな都市となったのは、バビロンの人々が当時最も裕福な民だったからです。バビロンの人々は、富というものの真価を理解していました。健全な蓄財の極意を日々の生活の中で実践して、富を手に入れ、その富を居着かせ、富に富を稼がせました。そうやって、誰もが欲する宝……すなわち未来につながる実入りを手にしたのです。

ジョージ・S・クレイソン

富は、この世での成功の度合いを測る物差しである。

富は、この世であがなえる最上の快楽を味わわせてくれる。

富は、それを得るための単純明快な法則をわきまえた者たちのもとに、潤沢《じゅんたく》にもたらされる。


今日の富を支配するのは、六千年の昔、バビロンの街に大金持ちがあふれかえっていた時代に富の出入りを律していたのと同じ法則である。

第一章

金貨にあこがれた男

なぜ、同じように働いているのに、貧乏人と大金持ちがいるのか？

バビロンの二輪馬車職人バンジールは、すっかりやる気をなくしていた。自宅を囲む低い塀に腰かけて、つましいわが家と、作りかけの二輪馬車が置かれた屋根なしの作業場を、悲しげに見つめる。

あけ放した戸口には、妻がしきりと姿を見せた。妻がこちらを忍び見るたび、食料が底をつきかけていることを思い出し、仕事に戻って早く馬車を仕上げなくてはと気がとがめる。槌《つち》や鉈《なた》をふるい、磨いて塗装し、車輪に革をぴっちりと張り、すぐにも引き渡せる状態にして、裕福な顧客から代金を受け取れるように……。

それでも、バンジールの丸々とした筋肉質の体は、塀の上でぼんやりと動かなかった。鈍った頭で、答えの見つからない疑問と粘り強く格闘している。ユーフラテス川流域ならではの、肌を焦がすような太陽が容赦なく照りつけていた。眉《まゆ》の上に汗のしずくがたまり、いつのまにか顔を伝い落ちては、黒々とした胸毛の中に消えてゆく。

わが家の向こうに、王宮を囲む階段状の城壁が高くそびえ立っていた。そのすぐそばに、青い天空を切り裂いて、ベル神殿の彩色された聖塔が屹立《きつりつ》する。それら絢爛《けんらん》たる建築物の陰に、簡素なわが家が、そして、見るからに貧弱でむさくるしい家々がびっしりと建ち並ぶ。バビロンとは、かくのごとき街だ。偉大と卑小、まばゆいばかりの富とすさまじい貧困が同居し、街の周壁の内側になんの計画も秩序もなくひしめき合っている。

背後をもし振り返れば、金持ちの乗る二輪馬車が、はだしの物乞《ものご》いもサンダルを履いた商人もひとしなみに押しのけながら、けたたましく突き進んでいるのが見えたことだろう。その金持ちたちでさえ、〝王の要務〟を担う水汲《く》み奴隷たちの長い列に出会うと、わきにのいて道をあけなくてはならない。奴隷たちの運ぶ山羊《やぎ》革の重い袋に入っているのは、空中庭園に撒《ま》かれる水だった。

バンジールは疑問に心ふさがれていて、活気あふれる街の種々雑多なざわめきも耳に入らず、気に留まらなかった。そこへ思いがけず、耳慣れた竪琴《たてごと》の調べが聞こえてきて、はっとわれに返る。振り向くと、親友の楽師《がくし》コビの繊細な笑顔があった。

「貴君に神々より惜しみなきご加護のあらんことを、わが友よ」コビは仰々しいあいさつで話を始めた。「とはいえ、すでに神々のご加護にたっぷりと恵まれて、働く必要がないものと見受ける。きみのその幸運を、おれもともに祝うとしよう。いや、なんなら、分け前にあずかってやってもいいぞ。忙しく立ち働かぬところを見ると、財布がさぞふくらんでいるのだろうから、どうかほんの二シケルばかりそこから取り出して、今宵の貴人の宴《うたげ》が終わるまで貸してはくれまいか。その金が戻るまで、きみが不自由することもなかろう」

「もしおれが二シケル持っていても」バンジールは陰気な声で返した。「誰にも貸しはすまいよ。たとえ親友のおぬしでもな。あったとすれば、それはおれの財産、しかも全財産だ。全財産を人に貸す者はいない。たとえ相手が親友だろうと」

「なんと」コビが心底驚いて声をあげる。「財布に一シケルもないというのに、彫像のごとく塀に座しているとは！　なぜ、あの二輪馬車を仕上げない？　ほかにいかなる方法で、貴《とうと》き食欲を満たすのだ？　きみらしからぬことを、わが友よ。汲めど尽きぬあの活力は、どこへ消えた？　何か、憂《うれ》いの種でもあるのか？　神々が災いをもたらしたのか？」

「神々が与えた苦しみにちがいない」バンジールは認めた。「この苦しみは、あるばかばかしい夢から始まっているのさ。おれはその夢の中で資産家になっていた。腰帯に提げたりっぱな財布は、貨幣でずしりと重かった。おれはいとも気軽に、シケル貨をつかみ出しては、物乞いに投げ与えた。銀貨もどっさり持っていて、それで女房によそ行きの服を買ってやったし、自分でもあれこれ欲しいものを買った。金貨もたんまりあって、おかげで将来に不安はなく、銀貨を心置きなく使えた。すばらしく満ち足りた気分が体にみなぎっていた！　あれをもしおぬしが見ても、この働き者の友の姿とは気づかなかったろう。それに、女房にも気づかなかったろう。なにしろ女房の顔はしわひとつなく、幸せに光り輝いていたからな。新婚のころの、笑みを絶やさぬ乙女に戻っていた」

「それはまた楽しい夢を」コビが評する。「だが、どうしてそれほど楽しい思いをしながら、しかめっ面の彫像のごとく塀に坐り込むことになったのだ？」

「いや、まったく！　目が覚めて、財布が空っぽなことを思い出したら、くやしさがどっと湧《わ》いてきたのさ。ひとつ、そのことについて話してみようじゃないか。船乗りの言葉を借りれば、おれたちは〝同じ船に乗り合わせた者どうし〟だ。子どものころ、おれたちは神官のもとでともに学んだ。青年時代は、互いの喜びを分かち合った。おとなになってからも、ずっと親しく付き合ってきた。おれたちなりに、一臣民として不満もなく暮らしてきた。長時間働き、稼いだ金で好きなことをする生活に、満足してきた。何十年というもの、お互いにびた銭をしこたま稼いだが、いまだ富のもたらす喜びを知らず、ただ夢に見るのみだ。ふん！　愚かな羊たちとどれほどの差がある？　おれたちは世界でいちばん裕福な都に暮らしている。旅人に聞いても、豊かさでこれに匹敵する街はないという。豊かさを見せつけるものがそこらじゅうにあふれていて、だが、どれひとつおれたちのものではない。人生の半分を重労働に費やしたあげく、わが親しき友よ、おぬしの財布は空っぽで、おれに『今宵、貴人の宴が終わるまで、ほんの二シケル貸してくれ』と頼む始末だ。それで、このおれはなんと返事をする？『さあ、ここに財布がある。要《い》るだけ持っていけ』

とでも言うか？　いや、おれの財布とて、おぬしと同じく空っぽだ。いったい、何がいけないのか？　どうしておれたちは、金貨や銀貨を、食いものや服に費やして余りあるほどの金を、手にすることができないのか？

息子たちのことも、考えてみるがいい。父親たちの二の舞になりはしないか？　息子も、その家族も、そして息子の息子も、そのまた家族もみな、この黄金の都のただなかで暮らしながら、おれたちと同じく、腐りかけた山羊の乳と粥《かゆ》という食事で満足して生きていくのか？」

「何十年という付き合いの中で、きみがそんなふうに愚痴をこぼしたことは一度もなかったがな、バンジール」コビがとまどった顔をする。

「この何十年、こんなふうには考えたことは一度もなかったさ。早暁《そうぎょう》に起き出して夕闇のとばりが下りるまで、おれは誰にも負けない二輪馬車を作ろうと働き続け、いつか神々がおれの殊勝《しゅしょう》な行ないに目を留めて、大いなる栄華《えいが》を与えてくださると無邪気に考えていた。だが、ついぞそのようなことはなかった。おれはようやく、わが身に栄華など訪れまいと悟ったよ。それゆえ、心が暗いのだ。おれは資産家になりたい。土地や家畜を所有して、いい服を着て、財布を銭でいっぱいにしたい。そのためなら、この体のありったけの力を、この手のありったけの技を、この頭のありったけの知恵を、精いっぱいかきたてもしようが、やはり正当な報酬あってこその労働というものだろう。ここでもう一度きく！

なにゆえにおれたちは、欲しい品々をわがものにできないのか？　それをあがなう金貨を持った連中の周りには、贅沢《ぜいたく》な品があふれているというのに」

「おれにわかるものか！　満ち足りぬことにかけては、おれもきみとおっつかっつだ。竪琴で得た稼ぎは、羽が生えたように消えてゆく。よほど慎重に使い道を練らぬことには、家族を飢えさせるはめになりかねん。我慢はそればかりではない。おれは、心に湧きいでた調べをみごと奏でられる大きな竪琴が、欲しくてたまらんのだ。そのような楽器があれば、王ですら耳にしたことのない妙《たえ》なる調べを披露できようものを」

「おぬしはそんな竪琴を持つべきだ。バビロン広しといえども、おぬしより美しく竪琴を奏でる者はいない。その調べは、王どころか、神々をも喜ばせる。されどお互い、王の奴隷並みに貧しい身で、どうやってそれだけの名器を買えるだろう？　おや、鐘の音だ！　やつらが来るぞ」バンジールの指差す先には、半裸で汗を浮かべた水汲み奴隷の長い列が、河から続く狭い通りを苦しげに進んでいた。横五列に並んだ奴隷たちはみな、かついだ山羊革の水袋の重みに背を丸めている。

「精悍《せいかん》な面構《つらがま》えだな、先頭を歩くあの男」コビが言うのは、鐘を手にして、荷を背負わず列を率いる男のことだった。「自国ではさぞ傑物だったのだろう。見るだけでわかる」

「列の中にも、りっぱな風采《ふうさい》の者がたくさんいる」バンジールがうなずく。「おれたちと同じ、まっとうな人間ばかりだ。背の高い金髪の者たちは北方から、肌の黒い陽気な者たちは南方から、小柄で褐色の者たちは近隣の国々から来たのだろう。それが一団となって、河から庭園へと、来る日も来る日も、来る年も来る年も行き来するのだ。先の楽しみは何もない。わらの寝床で眠り、まずい穀物粥を食べる日々――。畜生同然の身を、哀れには思わぬか、コビ！」

「ああ、思うさ。だが、自由民を名乗るわれらとて、さほど変わりない身の上だということを、きみは言いたいのだろう」

「まさにそうだ、コビ。思えば不愉快だが、現にそうなのだからしかたない。望みむなしく、おれたちは来る年も来る年も、奴隷のような暮らしを強《し》いられる。働いて、働いて、ただ働くばかりで、どこへも行き着けない暮らしをな」

「懐《ふところ》の暖かい連中がどうやって金貨を得ているのか、探ってみる手はないだろうか？」

コビが問いかける。

「そのすべを知る者にきけば、何か秘訣を学べるかもしれないな」バンジールは思案顔になった。

「さっきちょうど、われらが古き友アルカドが黄金の二輪馬車で通るのに出くわした。あれほどの身分であれば、おれごときの卑しい顔に目もくれなくて当然だろうに、あやつはなんと、見過ごさなかった。おれにわざわざ手を振って、周りのすべての者たちに、自分が楽師のコビにあいさつをし、友情の笑みを贈っていることを知らしめたのだ」

「アルカドは、バビロン一の金持ちだと言われている」

「あまりに金持ちだから、王はアルカドに、国庫への献金を求めているそうだ」と、コビ。

「あまりに金持ちだから」と、バンジール。「夜の闇の中で会おうものなら、やつの肥え太った財布に手をかけずにはいられないだろうよ」

「たわごとはよせ」コビがたしなめる。「富は、財布に入れて持ち運ぶものではない。いかに肥え太った財布も、滔々《とうとう》と流れる黄金の河がなかったら、たちまち空になる。アルカドは、どれほど気前よく散財しようと、常に財布を満たすだけの収入源を持っているのだ」

「収入源、それだな」バンジールは声をあげた。「塀に腰かけているときも、あるいは遠くに旅をしているときも、たえず財布に注ぎ込む湧き水のような収入があったらなあ。アルカドはそういう泉を掘り当てる方法を知っているにちがいない。それは、おれみたいなぼんくらでも、聞いてわかるような方法だろうか」

「アルカドはたしか、息子のノマジールにその知恵を授けたはずだ」コビが答える。「酒場のうわさによれば、ノマジールはニネヴェの都に赴き、父親からの援助もなしに、かの地で指折りの大金持ちになったのではなかったか」

「コビ、おぬしはじつに貴重な思いつきを授けてくれた」バンジールの目に、新たな光が宿った。「よき友に賢明な助言を求めるぶんには一シケルもかからないだろうし、アルカドはずっとよき友だった。おれたちの財布が、一年前の鷹《たか》の巣のごとく空っぽであろうと、気に病むことはない。そんな理由でためらうまいぞ。あり余る金貨に囲まれながらそれを持てない生活に、おれたちはほとほといやけが差している。おれたちは資産家になりたい。さあ、アルカドに会いに行って、どうやったらおれたちも富の泉を掘り当てられるのか、教えを請うとしよう」

「きみこそ、真のひらめきに満ちた話をしてくれたよ、バンジール。おれの頭に新たな悟りをもたらしてくれた。われわれがなぜ富を生み出す手立てを見つけられなかったのか、おかげで納得できた。その手立てを探そうともしなかったからだ。きみは地道に働いて、バビロンでいちばん頑丈な二輪馬車を作ってきた。その志のために、最大限の努力を払ってきた。それゆえに、ひとかどの職人になれた。おれは竪琴の名手になろうと精進してきた。そして、ひとかどの楽師になれた。

われわれは互いに、精いっぱい力を尽くして、おのれの道をきわめた。神々は、われわれがこうやって働き続けるだけでよしとされた。今ようやく、われわれは光を、昇る朝日のようにまばゆい光を目にしている。その光はわれわれに、さらに学び栄えよと命じている。新たな悟りを得て、われわれは誉れある道を見つけ、みずからの願望をかなえるだろう」

「きょう、この日に、アルカドのもとへ行こう」バンジールは熱のこもった口調で言った。「ついでに、われわれと大差ない暮らしぶりの旧友たちを誘って、アルカドの知恵をともに分かち合うとしよう」

「相変わらず友人思いだな、バンジール。だから、きみには友だちが多い。きみの言うとおりだ。きょう、この日に、みんなで連れ立って出かけよう」

第二章

バビロン一の大金持ち

収入の十分の一を
貯金せよ

昔、バビロンの街に、アルカドというたいへんな金持ちが住んでいた。莫大な富を持つアルカドの名は、世にあまねく知られていた。加えて、気前のよさでも評判だった。アルカドは施《ほどこ》しを惜しまなかった。家族のための出費も惜しまなかった。自分のためにも、気前よく金を使った。なのに、アルカドの富は年々、支出を上回る勢いで増えていった。

あるとき、幼いころの友人たちがアルカドを訪ねてきて、言った。「アルカド、きみはわれわれよりも恵まれているな。われわれが生きるのにあくせくしているあいだに、きみはバビロン一の大金持ちになった。われわれが家族に見苦しくない服を着せ、どうにか食べさせていくことに汲々《きゅうきゅう》としているというのに、きみは極上の服をまとい、世にもめずらしい食べものを味わっている。

だが、昔は対等だった。同じ師のもとで学び、同じ遊びに興じた。しかも、きみは学問でも遊びでもぬきんでていたわけではない。また、そのころから数十年、とりたてりっぱな市民だったわけでもない。

きみの働きぶりが、われわれより勤勉だったようにも、献身的だったようにも思えない。ならばどうして、気まぐれな運命はきみだけに人生のあらゆる楽しみを与え、同等の資格を持つはずのわれわれには目もくれないのだろうか?」

アルカドは、友人をこう言って諭《さと》した。「幼いころから数十年たってもかつかつの暮らしに甘んじているのだとすれば、きみたちは富を築くための法則を学び損ねたか、あるいはその法則を守っていないのだ。

〝気まぐれな運命〟というのは意地の悪い女神で、永遠に続く恵みなど誰にも与えてはくれない。それどころか、あぶく銭をどっさりふるまってやった相手には、ほぼ例外なく、あとで破滅を与えるのだ。そういう連中は節度を知らぬ浪費家にされて、たちまち有り金を使い果たし、満たすすべもない欲と渇きに身を焦がすことになる。同じように女神に気に入られながら、どうにか滅びの道を逃れた者たちは、守銭奴《しゅせんど》と化して富をかかえ込み、持ち金をできるだけ使うまいとする。みずから補充する力がないことを知っているからだ。そのうえ、金を盗まれやしないかという恐怖にさいなまれて、気の休まらない空《むな》しい人生を送るはめになる。

もしかすると中には、あぶく銭を手にして、それを減らすどころか自分で増やし、幸福で満ち足りた暮らしを続ける者もいるかもしれない。だが、そういう者はあまりにわずかで、わたしも話にしか聞いたことがない。きみたちの周りで、ある日突然富を相続した者がどのような末路をたどったか、思い起こしてみたまえ」

友人たちは、富を相続した知人が一様に思わしくない変転を遂げたことを認めた。そして、アルカドがどうやってこれほどの資産を所有するに至ったのか、教えてほしいと懇願したので、アルカドは話を続けた。

「わたしは若いころ周りを見渡して、この世にはすばらしいものがたくさんあり、そういうものが人に幸せや喜びをもたらすのだと気づいた。そして、富がその幸せや喜びを引き寄せてくれることを悟った。

富とは力だ。富があれば、数多くのことが可能になる。

極上の調度品でわが家を飾ることができる。

はるかな海へ旅することができる。

遠い国々の珍味を口にすることができる。

金細工職人や宝石職人の巧《たく》んだ品々をあがなうことができる。

神々のために巨大な神殿を建てることができる。

これらすべてのことを、そして、五感を喜ばせ、魂を満たすようなほかのさまざまなことを、富はかなえてくれるのだ。

そう悟ったとき、わたしは、人生のもたらす恵みの分け前にあずかろうと自分に誓った。他の者たちの楽しむ姿を、蚊帳《かや》の外から指をくわえて眺める側には立つまい。見苦しくない程度のいちばん安い服をまとう生活には甘んじるまい。貧乏人の群れの中にいることに満足はすまい。それどころか、ご馳走にあふれた饗宴《きょうえん》の客になってみせよう、と。

知ってのとおり、わたしは名もない商人の息子で、大家族ゆえ財産を受け継げる見込みもなく、きみたちがざっくばらんに語ったとおり、人並みすぐれた能力や知恵を授かっていたわけでもないから、望みを果たすには時間と学びが必要だと思い至った。

時間に関しては、人間誰しもあり余るほど持っている。きみたちもそれぞれ、富を築くのにじゅうぶんな時間を過ごしてきたはずだ。なのに、きみたち自身が認めるとおり、誇るに値するよき家族のほかに、自慢できるものが何もない。

学びに関しては、かつてわれらが博識なる教師から、勉強には二種類あると教わらなかっただろうか。すなわち、ひとつは机上で学んで知識を得ること、もうひとつは実体験を通して未知の真理を見出すことだ。

だから、わたしは、富を積み上げる奥義《おうぎ》を見出そうと、そして、ひとたび見出したなら、日々それを実践して、豊かな人生を送ろうと心に決めた。陽光に満ちたこの世にいるあいだは、楽しめるだけ楽しむのが賢明ではあるまいか。霊界の闇へ旅立てば、悲しみはいくらでも襲ってくるのだから。
わたしは公文書館で書記の仕事を見つけ、毎日長時間、粘土板を相手に働いた。来る週も来る週も、来る月も来る月も働いたが、大した稼ぎは得られなかった。食べものや服や神々への供え物や、記憶にも残らないあれやこれやで、稼ぎはぜんぶ消えていった。それでも、わたしは志を捨てはしなかった。
ある日のこと、金貸しのアルガミシュが庁舎を訪れて、法典第九条の写しを注文し、わたしにこう言った。『一両日中に必要なものだから、期日までに仕上げたら銅貨を二枚やろう』
それで、わたしは懸命に作業を進めたが、なにしろ長い条文だったので、アルガミシュがふたたび訪れたときには、まだできあがっていなかった。アルガミシュは怒った。わたしがもし奴隷だったら、殴りつけられたことだろう。けれど、市民が書記に暴力をふるうことなど、執政官が許すはずもないから、わたしはひるまずに言い返した。『アルガミシュさん、あなたはたいへんなお金持ちです。どうすればわたしも金持ちになれるか、教えてくださるなら、徹夜で粘土板を彫り、夜明けまでには仕上げましょう』
アルガミシュはにやりと笑って答えた。『厚かましい小僧め。だが、よかろう、条件をのんでやる』

背骨がきしみ、灯心の臭いに頭が痛んで、しまいには目がかすんできたが、わたしはひと晩じゅう文字を刻んだ。アルガミシュが日の出の時刻に戻ってくると、粘土板は完成していた。

『さあ、約束どおり教えてください』わたしは頼んだ。

『みごと期限を守ってくれたな、お若いの』アルガミシュは優しく言った。『ならば、こちらも務めを果たさずばなるまい。わしは老いゆく身だ。老いた舌は説法を好むものだから、貴公の知りたがっておることを話すのは苦ではない。老人に助言を求める若者には、歳月を経た知恵が授けられる。とはいえ、若者はえてして、年寄りの知恵は過ぎ去った日々のものだから、役立つところはないと考えがちだ。だが、忘れるな。きょうの空を照らす太陽は、貴公の父が生まれた日に輝いておった太陽であり、貴公の末の孫がこの世を去る日にも輝いておることだろう』

『若者の考えは』アルガミシュは語り続けた。『流星のごとく行く手を照らし、たびたび夜空を明るくするが、年寄りの知恵は恒星のごとく不動の光を放ち、船乗りはそれを頼りに航路を決める。

わしの言葉を胸に刻め。さもなくば、わしがこれから語る真理を理解できず、せっかくの夜なべ仕事がむだだったことになる』

　そうして、アルガミシュは毛深い眉《まゆ》の下から鋭い視線をわたしに向け、低く朗々とした声で言った。『わしが富への道を探し当てたのは、稼ぎの一部をおのれのぶんとして手もとに残すと決めたときだ。貴公もそれにならうがよい』

　そう言うと、あとは何も語らず、射抜くようなまなざしでわたしを見つめ続けた。

『それだけですか？』

『羊飼いから金貸しへと性根《しょうね》を入れ替えるには、それだけでじゅうぶんだった』アルガミシュは答えた。

『でも、自分で稼いだ金は全部、自分のぶんではありませんか』

『とんでもない。貴公は仕立て屋に服代を払わんのか？　靴屋にサンダル代を払わんのか？　食べものを買わんのか？　金を使わずにバビロンで暮らせるというのか？　先月の稼ぎはいかほど手もとにある？　去年の稼ぎはどうだ？　たわけ者め！　貴公の金は全部、よそに回っておるではないか。貴公は他人のために働くお人好しだ。あたかも奴隷のごとく、主人が与えてくれる食べものや服のために働いておる。もし貴公が稼ぎの十分の一を手もとに残したら、十年でいくらになる？』

　算術の心得までは失っていなかったから、わたしは答えた。『一年の稼ぎと同じ額です』

『その答えは、真理の半分しか語っておらん。蓄えた金貨の一枚一枚は、貴公のために働く奴隷なのだ。その金貨が稼ぎ出す銅貨の一枚一枚は金貨の子どもであり、それがまた貴公のために稼いでくれる。財を築こうと思ったら、蓄えた金貨に、そしてその子どもの銅貨に稼がせなくてはならん。そういう助けがあってこそ、貴公の恋い焦がれる潤沢《じゅんたく》な資産ができあがるのだ。

ひと晩ぶんの労賃をだまし取られた、と思っておるようだな。だが、貴公にもし、わしの差し出す真理をつかみ取る聡明さがあれば、わしは千倍もの労賃を払っておることになる。

よいか。稼ぎの一部を、おのれのぶんとして手もとに置け。いかに稼ぎが少なかろうと、蓄える額が全体の十分の一を下回ってはならん。余裕のあるときは、もっと増やしても構わんだろう。とにかく、おのれにまず支払うのだ。蓄えを取りのけたその残りで、食べものや地代や神々への供え物をまかない、なおいくばくか残った場合にのみ、服やサンダルを買うがよい。

富は樹木のごとく、ちっぽけな種から育つ。最初に蓄えた一枚の銅貨が種となり、そこから富の木が育つだろう。早くから種を植えれば、それだけ木が育つのも早くなる。着実に蓄えることによって、その木に肥料と水をせっせとやれば、富の木陰《こかげ》で安らげる日はさらに近くなるはずだ』
アルガミシュはそう語ると、粘土板を持って立ち去った。
アルガミシュの話をじっくり考えてみると、理にかなっているように思われた。そこで、実際に試してみることにした。わたしは給料をもらうたびに、銅貨十枚につき一枚をしまい込んだ。不思議に思えるかもしれないが、それで以前より生活が苦しくなるようなことはなかった。銅貨一枚ぶん少なくても、ほとんど変わりなくやっていけたのだ。だが、蓄えが増えるにつれて、わたしはたびたび、店先に並んだ品々、フェニキア人の国から駱駝《らくだ》と船で運ばれてきた魅力的な品々を、買い求めたいという誘惑に駆られた。それでも、理性でなんとか抑えた。
アルガミシュは、立ち去ってから十二カ月ののち、ふたたび現われて言った。『わが弟子よ、この一年のあいだ、稼ぎの十分の一以上をおのれに支払ってきたか?』
わたしは誇らしい気持ちで答えた。『はい、わが師よ、そうしました』
『よろしい』アルガミシュはにこやかに微笑みかけた。『で、その蓄えはどうした?』
『煉瓦《れんが》職人のアズムールに渡しました。はるか遠くへ航海に出て、テュロスでフェニキア人から珍しい宝石を買ってきてくれると言ったからです。アズムールが戻ったら、その宝石を高値で売り払い、儲けを山分けすることになっています』

『愚か者には、すべからく学習が必要だ』アルガミシュは不満の声をあげた。『貴公はなにゆえ、煉瓦職人の持つ宝石の知識を信用するのだ？　星座についてききたいとき、貴公はパン焼き職人の門を叩くのか？　考える力さえあれば、占星術師にききに行くはずだ。蓄えは、もう消え去ったものと思え。貴公は富の木を根こそぎ引っこ抜いたのだ。だが、植え直して、もう一度やってみるがよい。そして、この次こそ、宝石について助言を求めるなら宝石商人のもとへ行け。羊に関する真理を知りたければ、羊飼いのもとへ行け。助言はただで与えられるが、聞く価値のあるものだけを取り入れるよう注意することだ。蓄えについての助言を、金銭のことに明るくない人間に求める者は、その人間の誤りを証明するために蓄えを投じるはめになる』そう言って、アルガミシュはふたたび立ち去った。

アルガミシュの言ったとおりだった。あくどいフェニキア人たちは、一見宝石とおぼしき無価値なガラス玉をアズムールに売りつけたのだ。だが、わたしはアルガミシュに言われたとおり、もう一度、稼いだ銅貨の十分の一を蓄え始めた。すでに習慣となっていたから、むずかしいことではなかった。

十二カ月後、みたびアルガミシュが書記の部屋に現われて、わたしに話しかけた。『この前会ってから、いかほどの進展があった？』

『きちんと自分に支払っています』と、わたしは答えた。『そして、盾《たて》職人のアッガーに青銅を仕入れる金を貸して、四カ月ごとに利息を受け取っています』

『よろしい。では、その利息をどう使っておる？』

『蜂蜜と上等のワイン、それに香味入りのケーキを堪能しております。それから、深紅の上着も買いました。いつか若い驢馬《ろば》も買って乗ろうと思います』

アルガミシュはこれを聞いて、大声で笑った。『貴公は蓄えが生んだ子どもを食いつぶしておる。それでどうやって、その子どもらに働いてもらうのだ？　どうやって、子どもらに孫を生ませ、孫たちに働いてもらうのだ？　まずは〝金の奴隷〟をおおぜい手に入れ、そのうえで憂《うれ》いなく美食を楽しむがよい』そう言って、アルガミシュはみたび立ち去った。

それから二年のあいだ、まみえる機会はなく、次に現われたとき、アルガミシュはかなり高齢になっていて、顔には深いしわが幾重にも刻まれ、目の輝きは弱まっていた。アルガミシュは言った。『アルカド、夢に見た富の頂《いただき》にはもうたどり着いたか？』

わたしは答えた。『望んだほどの高みにはまだ至りませんが、いくばくかの蓄えはできて、その蓄えが金を稼ぎ、その稼ぎがさらに稼いでくれています』

『いまだに煉瓦職人の助言を仰いでおるのか？』

『煉瓦作りについてなら、煉瓦職人がよい助言をしてくれます』わたしはそう返した。

『アルカド、貴公は学ぶべきことをしかと学んだ。まず、得られる稼ぎより少ない額で暮らしていくことを学んだ。次に、その道の経験を積んだ人間に助言を求めることを学んだ。そして最後に、おのれのために金を働かせることを学んだ。

貴公は金を手に入れ、金を蓄え、蓄えた金を使うそのすべを、おのれに教えた。それゆえ、責任ある地位を担うのにふさわしい。わしは老い衰えつつある。わしの息子どもは、金を使うことしか考えず、稼ぐことなどまったく頭にない。わしは大きな事業を営んでおって、この先それをかかえていけるものかどうか、不安でならん。もし貴公がニップールへ赴いて、わしの地所を管理してくれるなら、貴公を共同経営者にして、資産を分け与えよう』

そういうわけで、わたしはニップールへ赴き、アルガミシュの広大な土地の管理を引き受けた。わたしは野心にあふれていたし、富をうまく操る三つの法則をわがものにしていたから、資産価値を著しく向上させることができた。事業は大いに栄え、やがてアルガミシュの魂が闇の世界へ旅立つと、かねて故人が法の定めのもとに手配しておいたとおり、わたしはアルガミシュの遺産を分け与えられた」

アルカドはこのように語り、聴き終えた友人のひとりが言った。「アルガミシュの後継者にしてもらえて、きみはほんとうに運がよかったな」

「わたしが幸運だったのは、成功したいという欲望をアルガミシュに出会う前から抱いていたという一点に尽きる。わたしは、四年にわたって稼ぎの十分の一を蓄え続けることで、自分の決意の固さを証明しはしなかったか？　例えば、何年も魚の習性を研究した結果、風向きが変わっても確実に魚の群れに網を投げられるようになった漁師を、きみたちは運がいいと評するのか？　好機というものは高慢な女神で、準備を怠った者には鼻もひっかけないのだ」

「きみは強靱《きょうじん》な意志の力を持っていて、一年めの蓄えを失ったあとも努力を続けた。そこが並の人間とは違うのだ」別の友人が意見を述べた。

「意志の力だと？」アルカドは言い返した。「なんというたわごとを。意志の力で、駱駝が運べないほどの荷を人間が持ち上げたり、雄牛が動かせないほど重いものを引っ張ったりできると思っているのか？　意志の力とは、みずからに課した責務を成し遂げるという不動の決意にほかならない。わたしは、自分に責務を課したら、それがどんなにつまらないことだろうと、最後までやり抜く。そうする以外にどうやって、大きなことに携わる自信が持てるだろう？　例えば、『百日のあいだ、街へ入る橋を渡る際に、道から小石を一個拾って川に投げ入れよう』と決めたら、そうするのだ。もし七日めに、小石を拾うのを忘れて通り過ぎても、『あした二個投げ入れれば同じことだ』と自分に言いはしないだろう。

そのかわりに、わたしは来た道を引き返して、その日の小石を投げ入れる。二十日めに、『アルカド、こんなことはむだだ。毎日小石を川に投げ入れたところで、なんの得になる？ひとつかみ投げ入れて、それで終わりにするんだ』とも言わないだろう。そんなことは言わないし、やりもしない。ひとたび自分に責務を課したら、必ずやり遂げる。だから、むずかしくて実行不可能なことには手をつけないように気をつけている。根が怠け者なのでね」

するとまた別の友人が問いかけた。「きみの話がほんとうだとすれば、確かにきみの言うとおりで、理にかなっているようだし、しかもすこぶる単純なやりかただ。もし誰もがそれを実行したら、全員に行き渡る富などなくなりはすまいか」

「富は、人が活力を発するすべての場所で育つものだ」アルカドは答えた。「金持ちが新しい邸宅を建てると、金持ちが支払った金貨は消え去るだろうか？　いや、煉瓦職人がその一部を受け取り、人夫がその一部を受け取り、装飾家がその一部を受け取る。邸宅の建設を担った者全員が、金貨の一部を手にするのだ。それでいて、完成した邸宅は、建設に要した費用ぶんの価値を持ちはしないだろうか？　また、邸宅が建っている土地は、邸宅がそこにあるせいで価値を増さないだろうか？　隣り合う土地も、その邸宅が建ったせいで価値を増さないだろうか？　富は魔法のごとく育つものだ。どこまで育つか、誰にも予言はできない。フェニキア人は海上交易で得た富を投じて、海べりの不毛の土地に偉大なる都市を築きはしなかったか?」

「それなら、われわれも金持ちになるために、きみの助言をもらえまいか」さらに別の友人が言った。「時は過ぎ去って、われわれはもはや若人《わこうど》ではなく、不時の備えもないありさまだ」

「アルガミシュの知恵を取り入れて、『稼ぎの一部を、おのれのぶんとして手もとに置け』と自分に言い聞かせることだ。朝起きたらまず言い、正午に言い、夜に言う。毎日、一時間ごとに言う。この言葉が夜空に浮かぶ火文字のごとく際立つまで、自分に言い続けるのだ。

　この教えを、胸に焼きつけたまえ。この考えでみずからを満たしたまえ。そうして、賢明と思われる額を蓄えに回すのだ。ただし、稼ぎの十分の一を下回ってはならない。必要なら、ほかの出費を抑えてでも蓄える。とにかく、何より先に蓄えを取りのけるのだ。そのうちに、自分だけのものと言える財産があると、どれほど豊かな気持ちになれるかを悟るだろう。育つほどに、励みも増すだろう。人生の新たな喜びに、心が弾むだろう。もっと稼ごうという意欲が湧《わ》いてくるだろう。稼ぎが増えれば、蓄えもまた同じ割合で増えていくのだから。

しかるのちに、財産を働かせることを学びたまえ。財産を自分の奴隷にするのだ。財産が生んだ子どもらを、そしてその子どもらの子どもらを、自分のために働かせるのだ。

将来の実入りを確保したまえ。老人たちの姿を見据え、来たるべき日には自分もまたそのひとりとなることを肝に銘じたまえ。だからこそ、財産を失うことのないよう、細心の注意を払って投資することだ。法外な儲け話は、美声で船乗りを惑わす水の精と同様、軽《けい》率《そつ》な者をおびき寄せて、破産と後悔の岩へ叩きつける。

さらには、自分が神々の国に召されたあとも、家族をかつえさせることのないよう備えたまえ。そのような守りのために、定期的に少額の積立を行なうことは、いつからでも始められる。だから、先見の明のある者は、この賢明な目的のための資金が降って湧くような僥倖《ぎょうこう》を当て込んで、備えを遅らせたりはしない。

迷ったときは、知恵のある者に相談したまえ。日々金銭を扱う仕事をしている人間に、助言を求めたまえ。そうすれば、煉瓦職人のアズムールに蓄えを委《ゆだ》ねたわたしの轍《てつ》を踏まずにすむというものだ。ささやかでかつ安全な利益の追求は、危なっかしい高利よりはるかに望ましい。

この世にいるあいだは、人生を楽しみたまえ。頑張りすぎたり、荷を重くしすぎたりはせぬことだ。無理なく蓄えられる額が稼ぎの十分の一なら、その割合を保つことでよしとしたまえ。守銭奴にならず、必要な出費を恐れず、収入に応じた暮らしを営みたまえ。価値ある品や楽しいことに囲まれてこそ、人生は豊かで味わい深いものとなる」

友人たちは、アルカドに礼を述べて立ち去った。想像力に乏しく、話を理解できなかった者たちは、黙りこくっていた。大金持ちはあまり幸運に恵まれない旧友に富を分け与えるべきだと考える者たちは、苦りきった顔をしていた。しかし、目に新たな光を宿している者もいた。アルガミシュが何度もアルカドのもとに戻ってきたのは、闇から光へと道を切り開く若者を見守っていたからだということに気づいたのだ。その若者が光を見出したとき、確かな未来が用意されていた。若者が自力で真理を探し当てるまで、そして好機をつかむ準備が整うまで、誰もその未来を奪うことはできなかった。

話を理解した友人たちは、その後何年間も、足しげくアルカドを訪ね、温かく迎えられた。アルカドはその者たちの相談に乗り、豊かな経験を持つ人間の常として、自分の知恵を快く分け与えた。その者たちが蓄えを投資する際には手助けし、しかるべき利益が安全にもたらされるように、なんの配当も得られない投資話にだまされたり、大金をつぎ込んだりしないように計らった。

この者たちの人生の分岐点は、まさにこの日、つまりアルガミシュからアルカドへ、アルカドからこの者たちへ、真理が伝えられた日に訪れたのだった。

稼ぎの一部を、
おのれのぶんとして手もとに置け

第三章 学びの殿堂

大富豪だけが知っている

「黄金に愛される七つ道具」

バビロンの栄光は不滅である。桁はずれの富を誇る、史上最も豊かな都市としての名声は、幾千年紀を経て今日まで語り継がれている。

とはいえ、最初からそうだったわけではない。バビロンの豊かさは、そこに住む人々の知恵から生み出されたのだ。彼らはまず、裕福になるすべを学ばなくてはならなかった。


バビロニアの賢王サルゴンが、エラム人との戦いに勝って凱旋《がいせん》したとき、この都では深刻な状況が待ち受けていた。秘書官が進み出て言う。

「大規模な灌漑《かんがい》用水路、神々のための壮麗なる聖堂という陛下の大事業のおかげをもちまして、長年にわたり、わが国は大いに栄えてまいりましたが、すべてが完成した今、臣民たちは日々の暮らしを支えかねておるようです。

人夫には仕事がありません。商人にはほとんど客がおりません。農夫は作物を売りさばくことができません。食べものをあがなうだけのお金が、民の手もとにないからです」

「国が大事業につぎ込んだあれだけの金は、いったいどこへ行ったのだ？」王は問うた。

「おそれながら、巡り巡って、ひと握りの大金持ちの財布に収まりました。漉《こ》し器に落とした山羊《やぎ》の乳のようにすばやく、民の指のあいだをすり抜けたのです。お金の流れがとだえてしまった今、大多数の民には懐《ふところ》を潤すすべがありません」

王はしばし考え込んだのち、こう問うた。「なにゆえ、それほど少数の人間の手にすべての金が集まるようなことになってしまったのだ？」

「その者たちが集めかたを知っているからです。しかし、財を築いた者を、蓄財に長《た》けているという理由でとがめるわけにはまいりません。また、道理をわきまえた人間なら、正当に稼いだ者から稼ぎを取りあげて、それを能力の劣る者たちに分け与えるようなこともできますまい」

「すべての民が金を蓄えるすべを学んで、みな富み栄えるというわけにはまいらぬのか？」

「ごもっともです、陛下。ですが、それを教えられる者がおりましょうか？　神官たちには務まりません。蓄財には縁のない者ばかりですから」

「ならば、秘書官よ、この都でいちばん、富を築くすべに通じているのは誰であろう？」

「ご質問がおのずと答えになっております、陛下。バビロンでいちばん大きな富を持つ者は誰でありましょう？」

「さすがである、わが有能なる秘書官よ。そう、それはアルカドだ。バビロン一の大金持ちは、あの男だろう。あす、アルカドを連れてまいれ」

翌日、王の命令どおり御前にまかりいでたアルカドは、七十歳という年齢にもかかわらず、背すじがぴんと伸び、精気が全身にみなぎっていた。

「アルカドよ」王が言葉をかける。「そなたがバビロン一の大金持ちであることに間違いはないか?」

「そのような評判でございますし、陛下、それに異《い》を唱える者はおりません」

「いかにしてそれほどの富を得たのだ?」

「このうるわしき都の民に等しく与えられる機会を活かしたのでございます」

「何もないところから始めたと申すのか?」

「『富を手にしたい』という強い望みだけでございました。それよりほかには、何も」

「アルカドよ、わが都は暗鬱《あんうつ》なる時を迎えている。限られた者だけが富を得る手立てを知り、ゆえに富を寡占《かせん》して、かたや大多数の民は、なけなしの収入を手もとにとどめおくそのすべを知らぬ。

余《よ》の望みは、バビロンを世界のどこよりも栄えさせることだ。そのためには、街が金持ちであふれていなくてはならぬ。のう、アルカド、富を手にする秘訣のようなものはあるのか? そして、それは人に教えることができるのか?」

「できないことではございません、陛下。人の持つ知識であれば、人に伝授することも可能でしょう」

王の目が輝いた。「アルカド、それこそ余の聞きたかった言葉だ。ひとつ、この偉大なる使命を、その肩に担ってはもらえまいか。そなたの知識を伝える教室を開き、そこで学んだ講師たちがさらに多くの講師を育てて、ゆくゆくはわが領内のしかるべき臣民すべてに真理が行き渡るようにしたいのだ」

アルカドは身をかがめて答えた。「わたくしは、御意《ぎょい》に従う卑しきしもべでございます。持てる知識のありったけを、わが同胞の生活水準向上のため、また国王陛下のご栄誉のため、喜んで差し出しましょう。謹直なる秘書官殿のご手配により、生徒百名から成る教室を開いていただけるなら、かつてバビロンでいちばん痩《や》せ細っていたわが財布を肥え太らせてくれた〝七つの道具〟をお教えいたします」

二週間後、王の命令に従って、選ばれた百名が色とりどりの服装で修養館の殿堂に集まり、半円形の列を幾重にも作って坐った。アルカドは小さな台のそばに坐り、台の上では灯明《とうみょう》が焚《た》かれて、不思議な芳香を放っていた。

「見ろ、あれがバビロン一の大金持ちだ」アルカドが立ち上がったとき、生徒のひとりが隣りの者をこづいてささやく。「見た目はおれたちとちっとも変わらないじゃないか」

「わたくしは大王陛下の忠実なる臣下《しんか》として、あなたがたの前に立っております」アルカドは話し始めた。「かつては富を心から欲する貧しき若人《わこうど》であったわたくしが、また、のちに富を手にするための知識を見出すに至ったわたくしが、その知識をあなたがたに分け与えることを、王はお命じになりました。

わたくしは、ごくつつましいやりかたで財のいしずえを築きました。なんら有利なつてを持たぬことにかけては、皆さんと、そしてバビロンの市井《しせい》のかたがたと同様でした。

わたくしの最初の金蔵《かねぐら》は、使い古した財布です。空っぽで役立たずのその財布が、わたくしは忌《い》まわしくてなりませんでした。それをまるまると太らせ、金貨のぶつかり合う音でにぎわせたいと願いました。そこで、財布を肥やす手立てを探し求め、七つの道具にたどり着いたのです。

ここにお集まりの皆さんに、痩せた財布を太らせるその七つの道具をご紹介いたしましょう。大枚の金貨を手にしたいと願うすべてのかたにお勧めする方法です。これから七日間かけて、一日にひとつずつご説明していきます。

わたくしの授ける知恵に、耳を澄ましてください。それについて、わたくしと論じ合いましょう。皆さんのあいだでも、論じ合ってください。講義の内容を完全にわがものとして、できれば皆さんご自身も、財布に富の種を植えてみてください。まずは、皆さんひとりひとりが、賢明なやりかたでご自分の財産を築き始めなくてはなりません。そうすれば蓄財の力が身につき、しかるのちに初めて、もっと多くの人にその真理を伝えることができるのです。

あなたの財布を太らせるすべを、わたくしは簡単なやりかたでお教えします。これは、富の神殿に至る階段の最初の一段であり、その第一段をしっかりと踏み締めなければ、それより上へ行くことはかないません。

では、第一の道具について、ともに考えてまいりましょう」

〈第一の道具〉収入の十分の一を貯金せよ

アルカドは、二列めに坐っている思慮深そうな男に向かってきいた。「わが友よ、貴兄のご職業はなんでしょう?」

「わたしは書記で、粘土板に記録を刻んでおります」男が答えた。

「わたくしもまさにそのような労働で、最初の収入を得ました。したがって、貴兄もわたくしと同じように、財を築く好機を手にしておられるわけです」

アルカドは、その後ろの列に坐った血色のよい男に声をかけた。「貴兄はどのようにして、日々の暮らしを立てておられるのでしょうか？」

「わたしゃ肉屋です。農夫が育てた山羊を買って加工し、肉をおかみさんたちに、皮を靴屋に売ります」

「貴兄もまた、労働で収入を得ておられますから、成功に至る素地を、かつてのわたくしとまったく同等に備えておいでです」

アルカドは同じ質問を続け、生徒ひとりひとりがどのように生計を立てているのかを明らかにしていった。そして、全員にきき終えると、こう言った。

「さて、皆さん、日銭を稼ぐ手立てとして、さまざまな商いや労働があることがおわかりでしょう。いずれもお金の流れを作る営みであり、働く者はその働きによって流れの一部を自分の財布へと導きます。ですから、皆さんひとりひとりの財布に向かって、能力に応じた大きな、あるいは小さな流れが生まれるわけです。そうではありませんか？」

一同はそうだと認めた。

「であれば」アルカドは続けた。「もし皆さんがご自分の財を積み上げたいと望まれるのなら、すでに築かれた富の源を活用するのが賢明ではありますまいか？」

生徒たちはこれにも同意した。

すると、アルカドは、卵売りと名乗る控えめな男に言った。「もしお手持ちの籠《かご》のひとつに毎朝十個の卵を入れ、毎夕そこから九個取り出すと、やがてどんなことが起こるでしょう？」

「籠から卵があふれ出しますね」

「なぜです？」

「毎日、入れる卵のほうが取り出す卵よりも一個多いからです」

アルカドはここで全員に向き直り、笑みを浮かべた。「ここに、痩せた財布をお持ちのかたはいらっしゃいますか？」

最初、全員がけげんな顔をした。それから、いっせいに笑いだす。しまいにはおもしろがって、てんでに自分の財布を振りかざした。

「よろしいでしょう」と、アルカド。「では、これから、痩せた財布を太らせるため、わたくしが学んだ第一の道具を伝授いたします。今この卵売りのかたに申し上げたとおりのことをおやりなさい。財布に流れ込んできた銅貨十枚につき、使うのは九枚までとすること。あなたの財布はたちどころに太り始め、増え続けるその重みは手に愉楽《ゆらく》を、魂に満悦《まんえつ》をもたらすであろう。

この忠言を、あまりに素朴だからといってあなどってはなりません。真理は常に素朴なものです。わたくしは皆さんに、自分が財を築いた道筋をお教えすると申しました。これがわたくしの第一歩だったのです。わたくしも痩せた財布をつくづくと眺め、そこに望みを果たすだけの中身がないことを呪《のろ》っておりました。けれど、入ってきた銅貨十枚のうち、使うのは九枚までということの教えを実践したとたん、財布が太り始めました。皆さんの財布も、必ずやそうなるでしょう。

さて、ここで、わたくし自身にもなぜそうなるのかがわからない、不思議な事実を教えましょう。稼ぎの十分の九までしか使わないようにしたというのに、わたくしの暮らし向きは少しも悪くならなかったのです。お金に窮するということもありませんでした。それどころか、以前より楽にお金が流れ込むようになりました。どうやら神々の掟《おきて》には、稼ぎの一部を使わず手もとに留め置く者は、富を引き寄せると定められているようです。同じ理屈で、空っぽの財布を持つ者は富を遠ざけます。

皆さんはどちらを望まれますか？　日々の欲望を満たすもの、すなわち宝石、飾り物、晴れ着、余分な食料など、たちまち消えて忘れ去られる品々でしょうか？　それとも価値あるもの、すなわち黄金、土地、家畜の群れ、商品、収益を生む投資などでしょうか？あなたが財布から出す金は、今現在をあがないます。あなたが財布に残す金は、未来をあがないます。

さあ、これが、痩せた財布のためにわたくしが発見した第一の道具です。入ってきた貨幣十枚のうち、使うのは九枚まで。この教えについて、皆さんで論じ合ってください。これが誤りだと証明できたかたは、あすまたお目にかかったときにお知らせください」

〈第二の道具〉欲望に優先順位をつけよ

「何人かのかたから質問をいただきました。『稼いだお金すべてを投じても必要な出費をまかなえない場合、どうやったら収入の十分の一を財布に残せるのか?』という質問です」

二日めの講義を、アルカドはこう始めた。

「きのう、皆さんのうち何人が痩せた財布をお持ちでしたか?」

「全員です」生徒一同が答えた。

「ところが、皆さんの収入は、ひとりひとり違います。ほかの人よりたくさん稼ぐかたもいれば、養うべき家族がうんと多いかたもいます。なのに、みな等しく財布が痩せていたのです。ここで、あらゆる人間に当てはまる注目すべき真理をお教えしましょう。それは、〝必要な出費〟なるものは、抑えようと努めないかぎり、収入に合わせて際限なくふくらんでいくということです。

必要な出費を消費欲と混同してはなりません。皆さんひとりひとりが、加えて皆さんの大切なご家族ひとりひとりが、収入でまかなえる以上の消費欲をかかえています。したがって、あなたがどれだけ稼ごうと、稼いだぶん全部が、そういう欲望を満たすために使われかねません。それでもなお、あなたの中には多くの満たされない欲望が残ります。

人はみな、自分で満たせる以上の欲望を背負っているのです。わたくしが大金持ちだからといって、すべての消費欲を満たせるとお思いですか？　そんなことはありません。わたくしの時間には限りがあります。わたくしの体力には限りがあります。わたくしの行動範囲や食べられる量にも限りがあります。わたくしの味わえる刺激や興奮にも限りがあります。

ここで申し上げておきたいのは、農夫が手入れを怠った場所に雑草がはびこるように、かなう見込みのある場所には、欲望はいくらでも生まれ育つということです。欲望は無数にあり、一生のうちに満たせるものは、そのうちのごくわずかです。

あなたの慣れ親しんだ生活習慣を、徹底的に見直してごらんなさい。たいていの場合、今まで当然と見なされてきた出費の中に、うまく減らしたり削ったりできるものが見つかるはずです。支払う銅貨一枚一枚が、わずかなりともむだに使われぬよう心を配りましょう。

そのために、あなたの望むお金の使い道を、ひとつずつ粘土板に刻んでみてください。

その中から、ほんとうに必要なものと、収入の十分の九でまかなえるものを選び出します。残りは線を引いて消し、満たされざる有象無象《うぞうむぞう》の欲望として、すっぱり切り捨てるのです。

それから、必要な出費の予算を組んでください。財布を太らせている十分の一の蓄えに、手をつけてはなりません。手をつけないでおくことは自分の大いなる望みなんだと考えて、実現していくのです。常に予算内で暮らし、それがなるべく楽にできるよう、絶えず予算を調整していきます。予算こそが、太りゆく財布を守る頼もしい番犬なのです」

ここで、赤と金色の上着をまとったひとりの生徒が立ち上がって、発言した。「ぼくは自由民です。人生の恵みを楽しむのは、ぼくの権利であると考えています。だから、予算の奴隷となって、何にどれだけ使うかを決められてしまうことに、反発を覚えます。人生から多くの楽しみを奪われては、重い荷を負う驢馬《ろば》も同然になるのではないでしょうか」

アルカドは問うた。「わが友よ、あなたの予算を決めるのは誰でしょう?」

「決めるとすれば、それはぼく自身ですよ」生徒は答えた。

「では、負うべき荷をみずから決める驢馬が、宝石や絨毯《じゅうたん》や重い金の延べ棒を荷物に含めるでしょうか? おそらく、そうはしません。砂漠の旅に必要な干し草や穀物や水袋を優先するでしょう。

予算の目的は、財布が太るのを助けることにあります。あなたは必要なものを手にしたうえで、余力があればほかの消費欲を満たすこともできます。予算が気まぐれな願望を退けてくれるおかげで、あなたのいちばん大切な望みがかなえられるのです。洞窟の闇を照らす明るい灯火のように、予算はあなたの財布のほころびを照らし、漏出《ろうしゅつ》を食い止め、明確で満足できる目標に向けて、出費の流れを整えてくれます。

そして、それこそが、痩せた財布を太らせるための第二の道具なのです。必要不可欠なものをあがない、しかるのちに、楽しきことに金を費やし、価値ある望みをかなえ、そうしてなお出費が収入の十分の九を超えぬよう、予算を組むべし」

〈第三の道具〉貯えた金に働かせよ

「さあ、あなたの痩せた財布は肥え太りつつあります。あなたはみずからを律して、稼ぎの十分の一を財布に残してきました。出費を抑えて、育ちゆく資産を守ってきました。次なる課題は、その資産を働かせ、増殖させることです。財布の中のお金は、持っていて心地よく、また吝嗇《りんしょく》な人には満足感を与えますが、何も稼いではくれません。稼ぎの中から手もとに残す十分の一は、最初の一歩にすぎません。貯めたお金がさらなるお金を稼いでこそ、財が築かれるのです」三日めの講義を、アルカドはそう始めた。

「では、お金を働かせるには、どうしたらいいのでしょう？　わたくしは最初の投資で不運に見舞われ、すべてを失いました。これについては、のちほどお話ししましょう。初めて利益を生んだのは、アッガーという盾《たて》職人への融資でした。アッガーは年に一度、海の向こうから運ばれてくる青銅を大量に仕入れていました。ただ、その代金を支払うだけの元手がなかったので、懐に余裕のある者から借りなくてはなりませんでした。アッガーはりっぱな職人で、盾が売れると、借りた金に気前のよい利息をつけて、きちんと返してくれました。

融資のたびに、わたくしは彼が支払った利息分も加えて融資しました。こうすることで、元手が増えるばかりでなく、元手が生み出す利息もまた積み重なっていったのです。何よりうれしいのは、それを合わせた額が財布に戻ってくることでした。

ここで皆さんに申し上げておきたいのは、富は人が持ち運ぶ財布の中には存在しないということです。富とは人が築きあげる定期収入のことであり、絶えず財布に注ぎ込み、常に財布をふくらませるお金の流れのことなのです。働いているときも、旅をしているときも、とぎれることなく湧《わ》きいずる収入の泉。それこそが、すべての人の望み、皆さんの望み、あなたがたひとりひとりの望みでしょう。

わたくしは大いなる定期収入を手にしてきました。あまりに額が大きいので、今では大金持ちと呼ばれています。アッガーへの融資が最初の訓練となって、わたくしは利益を生む投資というものを覚えました。その経験から得た知恵で、増えた元手をさらなる融資や投資に振り向けました。初めのうちは数少ない源から、のちには幾多の源から、わたくしの財布へと注ぐお金の流れが生まれ、その富を自分で決めた賢明な使い道に投じることができたのです。

おわかりでしょうか。わたくしは乏しい稼ぎの中からお金の奴隷を生み育て、その奴隷たちが働いて、さらなるお金を稼いでくれました。奴隷たちはなおも働き続け、やがて奴隷の子どもたちが、そしてそのまた子どもたちが労働に加わり、代々の尽力が合わさって、莫大な定期収入を生み出したわけです。

お金は正しく働かせればたちまち増殖します。そのことを示す逸話をご紹介しましょう。ある農夫が、長男が生まれたとき、金貸しのもとに銀貨十枚を持参し、息子が二十歳になるまでその金を運用してもらえないかと頼みました。金貸しは、四年ごとに元手の四分の一を利息として支払うという条件を差し出しました。農夫はそれに対し、この銀貨は息子の資産にするため取りのけたものなので、元本に利息も加えて預かっていてほしいと頼みました。

さて、息子が二十歳になったとき、農夫はふたたび金貸しのもとを訪れ、銀貨がどうなったかを尋ねました。金貸しの説明はこうでした。元利ともに複利で運用した結果、当初の十枚が、今では三十枚半になっている、と。

農夫は大喜びし、当面は使うあてもなかったので、増えた銀貨をそのまま金貸しに預けておきました。時は流れ、息子が五十歳に達したとき、父親はもう他界していましたが、金貸しは息子に、満期の預かり金として銀貨百六十七枚を支払いました。

そう、五十年のあいだに利息が利息を生んで、投資金は十七倍近くにも増えたのです。

そして、これが痩せた財布を肥え太らせる第三の道具です。蓄えた金を働かせ、群れなすけもののごとく増殖させよ。しかして定期収入を、すなわち絶え間なく財布に注ぎ込む富の流れを、生み出させるのである」

〈第四の道具〉危険や天敵から金を堅守せよ

「不運は目立つ標的を好みます。財布の中のお金は、しっかり守らないと奪われかねません。ですから、まずは小さな額を確保して、それを守るすべを身につけ、しかるのちに神々からもっと大きな額を託されるのが、賢明な道筋だと言えましょう」これが、四日めの講義の皮切りだった。

「金貨を持っていると誰しも、うまくいきそうな事業に投資をすることで、とりあえず額を増やそうという誘惑に駆られます。友人や縁者がそういう投資に熱を入れていて、しきりに勧める例も多いでしょう。

健全なる投資の第一の鉄則は、元本を確保することです。元手を失う恐れがあるのに、高収益に心惹《ひ》かれるのが、賢い投資のしかたと言えるでしょうか？　わたくしはそう思いません。あぶない賭けの代償として、損失をこうむる公算が大です。財を差し出す前に、元手を安全に回収できる確証があるかどうかを、慎重に検討してください。手っ取り早く富を築きたいという現実離れした願望に惑わされてはなりません。

誰かにお金を貸す前には、相手の返済能力や評判をきちんと確かめて、せっかく築いた財産をうっかり進呈してしまわないようにしてください。

何かの事業に資金を投じる前には、その資金に襲いかかりそうな危険をじゅうぶんに心得ておいてください。

わたくしの初めての投資は、みじめな失敗に終わりました。一年間こつこつと蓄えた稼ぎを、わたくしはアズムールという煉瓦《れんが》職人に託しました。アズムールが遠い海へ旅に出て、テュロスでフェニキア人からめずらしい宝石を買ってきてくれると言ったからです。旅から戻ったら、ふたりでその宝石を売って、儲けを山分けすることになっていました。

ところが、あくどいフェニキア人がアズムールに売りつけたのは、ただのガラス玉でした。わたくしの財産は消えてしまったのです。試練を経てきた今のわたくしなら、宝石を買う資金を煉瓦職人に託す愚かさにすぐ気づくでしょう。

ですから、わたくしは経験から得た知恵で、皆さんに助言をいたします。ご自分の知恵を過信して、落とし穴のありそうな投資話に財産をゆだねてはなりません。それよりは、金銭の扱いに慣れた人間の知恵を借りるほうが、よほど安心というものです。そのような助言はただで手に入りますし、それがたちまち、あなたの投資しようとしている金額と同じ値打ちを持つかもしれません。実際のところ、もしそのおかげで損失を免れたとすれば、まさにそれだけの値打ちがあったことになります。

そして、これこそが痩せた財布を肥え太らせる第四の道具であり、ひとたび満杯になった財布が空っぽに戻るのを防ぐうえで、たいへん重要な知恵だと言えるでしょう。財を失わぬためには、元本が保証され、望んだときに換金でき、なおかつ適正な利息を間違いなく回収できる条件でのみ投資せよ。賢者に相談すべし。資産運用に実績ある者の助言を仰ぐべし。それら授かりし知恵の力で、安全ならざる投資から財を守るべし」

〈第五の道具〉住まいをわがものとせよ

「人がもし、稼ぎの九割で生活し、なおかつ人生を楽しみ、そのうえでもし、九割のうちいくらかを、安らぎを損なうことなく投資に回して、収益をあげることができたとしたら、財産の育ちかたはうんと速くなるでしょう」五日めの講義を、アルカドはそう始めた。

「わが街バビロンでは、あまりに多くの民が、好ましからざる環境に家族を住まわせています。取り立てのきびしい家主にばか高い家賃を払いながら、その家には、妻が花を育てて女心を楽しませるほどの場所もなく、子どもたちはうすぎたない路地で遊ぶしかありません。

じゅうぶんな土地があって、子どもたちがきれいな土の上で遊び、妻が花ばかりではなく、家族に食べさせる滋味豊かな香草を育てられるようでなかったら、どんな家族も日々の生活を満喫しているとは言えません。

自分の所有する木からもいだ無花果《いちじく》や、自分の所有する蔓《つる》に実った葡萄《ぶどう》を食べると、うれしい気持ちになります。住居を構え、誇りを持って手入れをすれば、心に自信が芽生え、よりよい生活を営むための努力に拍車がかかります。それゆえ、わたくしはすべての人に、自分と家族を風雨から守る家を所有するよう勧めるのです。

確固たる目的を持つ人にとって、家を所有するのは手に余る仕事ではありません。われらが偉大なる王がバビロンの周壁を大きく広げてくださったおかげで、壁の内側にはまだ使われていない土地がたくさんあって、手ごろな値段で買えるのではないでしょうか。

ついでに申し上げておくなら、住むための家屋や土地を求めるかたがたに対して、金貸しは喜んで融資を検討してくれます。家を買うためにみずから蓄えておいたしかるべき額の手付け金を示せば、あなたはすぐにお金が借りられて、それを煉瓦職人や大工に支払うことができるでしょう。

そうして家が建ったら、今まで家主に家賃を払っていたのと同じように、定期的に借入金を返済していくのです。返済するごとに債務は減っていきますから、やがて払い終えます。

そのとき、あなたの心は軽くなるでしょう。価値ある資産が今や完全にあなたのものであり、家にかかる経費は王に納める税だけになるのですから。

貞淑なるあなたの妻も、足しげく川へ行って、あなたの服を洗い、帰り道には山羊革の袋を水で満たしてきて、家の畑に撒《ま》くことでしょう。

このように、持ち家がある人には、多くの恵みがもたらされます。そのうえ、生活費が大幅に減ったぶんだけ、稼ぎの中で自由に使える額が増え、道楽をしたり欲望を満たしたりすることができます。これがつまり、第五の道具です。住まいをわがものとせよ」

〈第六の道具〉今日から未来の生活に備えよ

「人の一生はすべて、幼年期から老年期に向かって進みます。それが人生の道筋というものであり、半ばで神々の世界へ召されないかぎり、誰もその道からそれることはできません。そこで、皆さんに申し上げたいのが、年老いた日のために、相応の収入源を用意せよ。もはや若くないのなら、自分がこの世を去って、家族を励まし支えることができなくなったときのために、前もって備えよということです。本日の講義では、歳を取って学ぶ能力が衰えたとき、なお財布を満杯にしておく方法をお教えします」六日め、アルカドは生徒たちにそう話しかけた。

「富の法則を理解し、蓄えが増えてきた者は、来たるべき日々への備えに思いを致さなくてはなりません。多年にわたって安全に運用される堅実な投資もしくは蓄えを確保し、なおかつ、みずから聡《さと》く待ち受けていたその秋《とき》が到来したときに、それがすぐ使える形にしておくべきでしょう。

将来のため安全な備えを築くには、幾通りもの方法があります。隠し場所を用意して、へそくりを貯めておくというのも、ひとつの手でしょう。ただし、隠しかたをどう工夫しようと、盗っ人に狙われることは避けられません。それゆえ、この方法はお勧めいたしかねます。

安全のために、家や土地などの不動産にしてしまう手もあります。実用性と将来の価格を見込んで賢く選択すれば、不動産の値打ちは恒久的なものですから、貸すことで、あるいは売ることで、不時の資金が確保できるでしょう。

金貸しに少額のお金を預け、定期的にそれを積み立てていく手もあります。預けた額が増えれば、それに対して支払われる利息も増えます。少し前、アンサンというサンダル職人から聞いた話ですが、アンサンは八年のあいだ、毎週、銀貨を二枚ずつ金貸しに預けたそうです。最近になって金貸しから残高報告があり、アンサンはその数字に大喜びしました。少額ずつ預けたお金に、四年ごとに四分の一の利息が付いて、総額が銀貨千と四十枚になっていたのです。

わたくしはうれしくなって、その預金をもっと続けるようにとアンサンを励まし、算術の知識を使って根拠を示しました。もしこの先十二年、同じ間隔で銀貨二枚を預け続ければ、金貸しのもとには四千枚の銀貨が蓄えられ、アンサンは一生、お金に困ることはなくなるはずです。

そう、これほど少額のお金をこつこつと積み立てることによって、これほど大きな実りが得られるのなら、自分の老後や家族の将来のために財産を確保する余裕のない人などいないでしょう。現在の財布の中身がどれぐらいかということには関係がないのです。

このことについて、少し申し添えておきます。わたくしの頭にはある確信が宿っておりまして、それは、いつの日か聡明なるご仁が、いずれ訪れる死に備えてお金を確保するような仕組みを編み出すだろうということです。多くの人が定期的にわずかずつのお金を払い込んでおいて、中のひとりが他界したとき、そのご家族にまとまった額の弔慰金《ちょういきん》をお渡しする仕組みです。これは望ましいありかたで、わたくしとしても強くお勧めできます。ただ、今現在での実現はむずかしいでしょう。なぜとなれば、人間の寿命や契約期間を超えて、末長く継続していく必要があるからです。王位のごとく不動でなくてはなりません。いつかこの仕組みが現実のものとなり、あまたの人々に多大なる恵みをもたらすことを、わたくしは予感しております。少額の払い込みを一度行なっただけでも、もしもの際、遺族に大きな額が支払われるわけですから。

しかし、それは来たるべき未来の話であって、われわれは今のこの時代を生きていますから、先に申し上げたいくつかの手段や方法を使って、老年期に備えるしかありません。そのようなわけで、わたくしはすべての人々に、よく練られた賢いやりかたで、齢《よわい》ととももに財布が痩せ細らないよう備えることをお勧めします。稼ぐ力の衰えた人や、稼ぎ手を失った家族にとって、収入の泉が涸《か》れるのは身を切られるほどつらいことだからです。

これが、痩せた財布を肥え太らせる第六の道具です。老後の暮らしと家族の未来を守るべく、早くより備えよ」

〈第七の道具〉自分こそを最大の資本にせよ

「皆さん、きょうは、痩せた財布を肥え太らせるための、肝心要の道具をお教えします。といっても、お金についてではなく、皆さん自身について、そう、色とりどりの服をまとってわたくしの前に坐っておられるあなたがたについてのお話です。人の心や暮らしの中にあるさまざまな要素が、どうやって成功を引き寄せ、あるいは遠ざけるのかを、ごいっしょに考えてみましょう」七日めの講義が始まった。

「少し前、ひとりの若者がわたしのところに、お金を貸してほしいと言ってきました。何にお金が必要なのか問いただすと、稼ぎが出費に追いつかないのだと愚痴をこぼします。そこでわたくしは、もしそのような理由なら、あなたには借金を返すだけの収入を得る力がないわけだから、金貸しにとってありがたくない客だと申しました。

『お若いかた、あなたに必要なのはもっとお金を稼ぐことです。稼ぐ力を高めるために、あなたは何をしていますか?』

『やれるだけのことはやりました。ふた月のあいだに六回も、報酬を上げてほしいと雇い主に頼んだのですが、聞き入れてもらえませんでした。それ以上は頼めるものではありません』

微笑ましいほどの純朴さですが、この若者には収入を増やすための必要条件がひとつ備わっています。それは、『もっと稼ぎたい』という強い願いを、感心すべきまっとうな願望を抱いていることです。

願望なくして事はならず。強く明確に願うべし。漠然とした願望は、淡いあこがれでしかありません。『なんとなく金持ちになりたい』と願う人は、目的意識を欠いています。これに対して、『金貨を五枚得たい』と願う人は、その明確な願望をかなえるべく努力するでしょう。目標達成への意気込みの力で、金貨五枚を手にしたあと、同じようにして、今度は十枚を獲得し、次には二十枚、やがては千枚を得て、見る間に富の山を築きます。小さいながらも明確な願望をかなえるすべを学ぶことで、より大きな願望をかなえる力を身につけるのです。これが、富の積み重なる道筋です。小さな額から始め、しだいに額が大きくなるにつれて、腕が磨かれていきます。

願望は、単純かつ明確でなくてはなりません。数が多すぎたり、複雑すぎたり、分《ぶん》を超えたものであったりすると、意気込みが萎《な》えてしまいます。

人は、職能をきわめるのと並行して、稼ぐ力を増していくものです。わたくしも、かつて一介の書記として、粘土板に字を刻んで日銭を稼いでいたころ、ほかの書記たちが自分より多くの仕事をこなし、多くの報酬を手にしているのを目《ま》の当たりにしました。そこで、誰よりもすぐれた仕事ができるようになろうと、一念発起しました。そう決心してみると、自分の稼ぎが悪い理由を悟るのにさほど時間はかかりませんでした。もっと仕事に興味を持ち、もっと作業に打ち込み、もっと粘り強く技を磨くようにしたところ、なんと、一日にわたくしより多くの粘土板を刻める者はほとんどいなくなりました。この技術の向上が、しかるべき速さで収入増として報われたので、昇給を求めて六回も雇い主のもとに足を運ぶ必要はありませんでした。

知恵が身につくほどに、収益力は増します。常に仕事の腕を磨こうとする人は、豊かに報われるでしょう。職人ならば、同業のすぐれた匠《たくみ》から技法や道具を学びなさい。法や医術を生業《なりわい》とする人ならば、先達《せんだつ》に助言を仰ぐなり、同輩と知識を交わすなりしなさい。商人ならば、絶えずよりよい品を、より安く仕入れることに心砕きなさい。

人の営みというものが常に上向きに変化し続けるのは、熱意ある人々がよりよい技を追求し、自分を支えてくれる人々にもっと尽くそうと努めているからです。だから、わたくしはすべての人に、進歩の最先端にお立ちなさいと説きます。立ち止まっていたら、取り残されてしまうからです。

実りある経験を積むことで、多くのものがもたらされ、人生は豊かになります。みずからを敬う人は、次に述べることを励行してください。

負債はできるかぎり速《すみ》やかに返済すべし。代価を支払えぬ品をあがなうべからず。

家族を構い、また家族に慕われ、敬われるべし。

神に召されるときに備えて、遺言書を作成し、築いた資産を適正に偏りなく分配すべし。

傷を負いし者、不運に見舞われし者を思いやり、分を超えぬ範囲で援護すべし。愛しき者たちには心を尽くすべし。

そう、痩せた財布を肥え太らせる七番めにして最後の道具とは、みずからの能力を開発し、勉励して知恵を積み、仕事の腕に磨きをかけ、おのれを敬えるような行動をとるというものです。そうすれば、自分への信頼が胸の内に育まれ、その力で、温めてきた願いも実現することでしょう。

この一週間で述べてきた七つの道具は、わたくしの長く豊饒《ほうじょう》な人生の経験から生まれた知恵であり、富を求めるすべての人への進物でもあります。

皆さん、バビロンにはあなたがたが夢に描くよりもっと多くの富があります。すべての人に行き渡って、なお余りあるほどに。

心決めて、これらの真理を実践し、成功をめざしてください。本来あなたのものであるべき富を、手にしてください。

心決めて、これらの真理をすべての高潔なる臣民に伝え、愛すべきわが街の潤沢《じゅんたく》なる富を、その人たちにもふんだんに分け与えてください」

〈黄金に愛される七つ道具〉

1 収入の十分の一を貯金せよ

2 欲望に優先順位をつけよ

3 貯えた金に働かせよ

4 危険や天敵から金を堅守せよ

5 住まいをわがものとせよ

6 今日から未来の生活に備えよ

7 自分こそを最大の資本にせよ

第四章
幸運の女神

行動が機会を生み出し、機会が幸運を呼び込む

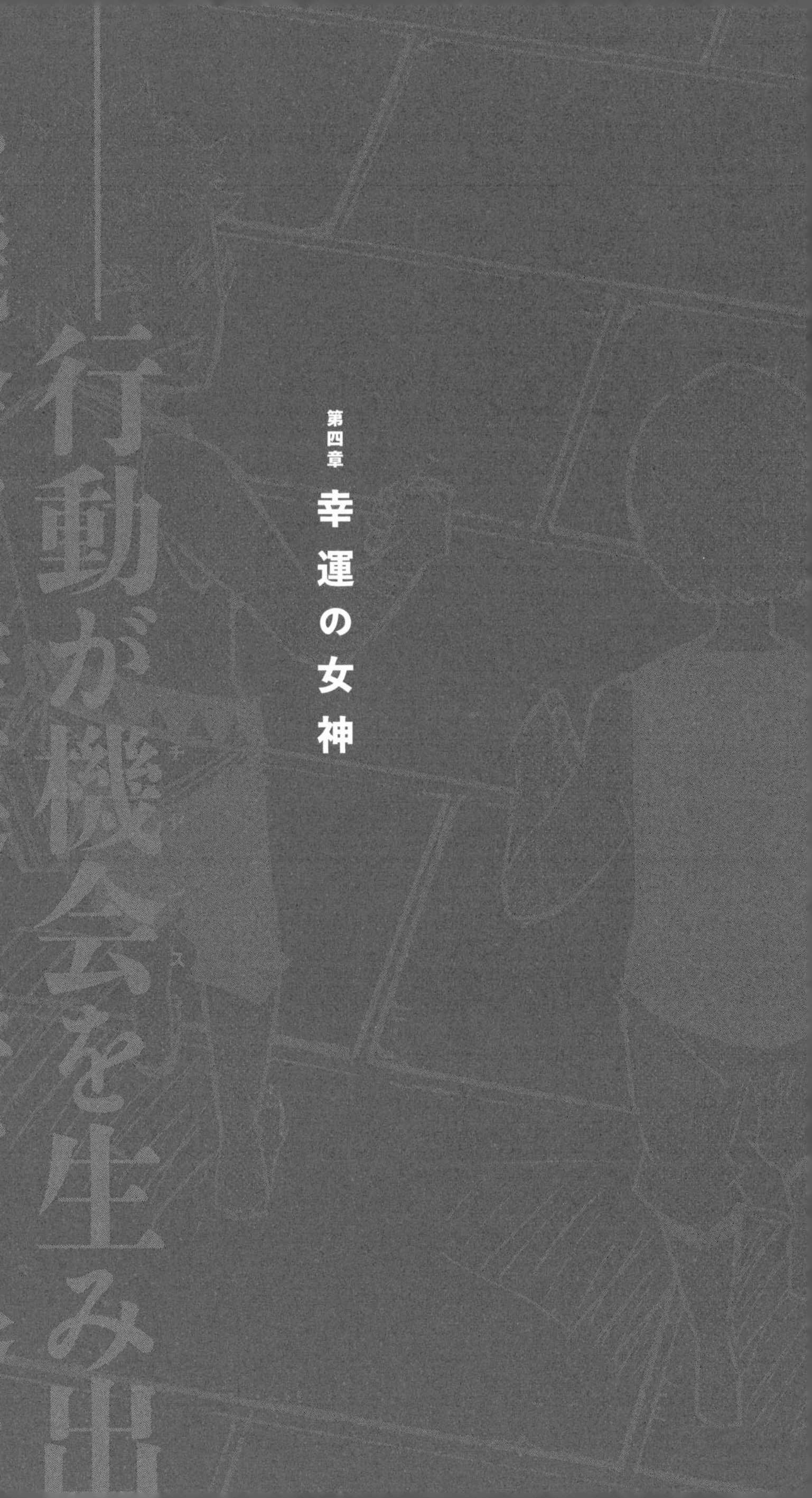

「つきに恵まれた者の運気がどこまで広がるものか、予想もつかない。幸運な男をユーフラテス川に放り込むと、おそらく岸に這《は》い上がるばかりか、真珠まで拾ってくるだろう」

――バビロニアの格言より

幸運でありたいという欲望は、人類普遍のものだ。四千年の昔、古代バビロンの人たちが胸に抱いていた幸運への欲望は、現代のわたしたちの心にある欲望に劣らず強いものだった。わたしたちはみな、気まぐれな幸運の女神に愛されたいと願っている。では、幸運の女神に出会い、気まぐれなひいきにあずかるだけでなく、惜しみない寵愛《ちょうあい》を得る手立てはあるのだろうか。

つきを引き寄せる方法というものが存在するのか。

これこそ、古代バビロンの民が知りたいと願ったことだ。バビロンの人たちは、まさにその方法を見つけ出そうとしたのである。彼らは洞察力に優れ、思索に熱心だった。だからこそバビロンの街は、古代都市の中で最も豊かで、最も強大な都市となったのだ。

はるか昔のその時代、バビロンに大学などの学校制度はなかった。それでも学問の中枢を担う施設は存在し、そこではきわめて実用的な知識が伝授された。バビロンにそびえ立つあまたの楼閣の中でも、王宮や空中庭園、神々の聖堂と並ぶ重要な建物と位置づけられていた。この施設に関する記述は史料の中にはほとんど見つからず、いや、まったく触れられていないと言ってよいほどだが、当時のバビロンの人たちの考えかたに多大な影響を及ぼしていたのだ。

修養館という名のこの建物では、篤志《とくし》の講師たちが古くから伝わる知恵を説き、また、人々の関心を集める話題については、公開討論された。この建物の内部では、人々はみな平等な立場で向き合った。奴隷のうちで最も身分の低い者が、なんのとがめも受けることなく、王室の貴人の意見に反論できた。

この修養館に足しげく通う多くの者たちの中に、アルカドという金持ちの賢人がおり、バビロン一の大金持ちと呼ばれていた。アルカドは館内に専用の会堂を持ち、そこにはほぼ毎夕、中年の男たちを中心に、少年から老人まで多数が集《つど》って、興味深い話題を取りあげ、論じ合った。それでは、この会堂での議論に耳を傾けて、バビロンの人たちが果たして、幸運を引き寄せる方法を知っていたのかどうか、探ってみることにしよう。

巨大な紅い火の玉のような太陽が、砂塵《さじん》にかすむ砂漠の向こうへ、最後の輝きを放ちながら沈んでいくころ、アルカドはゆっくりと会堂に入ってきて、いつもの演壇の前に立った。八十名にのぼる男たちが、すでにアルカドの到着を待ちわび、床にめいめい小さな敷物を広げて横になっていた。聴衆はさらに増え続けている。

「今夜の議題は、何にいたしましょうか？」アルカドが尋ねた。

おずおずと、背の高い機織り職人が慣例のとおり立ち上がって、発言した。「わたしはある話題がここでどう議論されるのかを聞いてみたいのですが、あなたやここにおられるよき友人たちからばかばかしいと思われやしないか心配で、提案するのをためらっております」

アルカドや周囲の者たちから、言ってみろと促されて、男は先を続けた。「きょう、わたしはつきに恵まれて、金貨が数枚入った財布を拾いました。このつきがずっと続くことを、わたしは心から願っております。これは万人共通の願いでしょうから、どうすれば幸運を引き寄せられるのか、みんなで話し合ってみたら、つきを呼ぶ方法がもしかして発見できるのではないかと思うんです」

「はなはだ興味深い議題が差し出されました」アルカドが評した。「論ずるべき価値は大いにありましょう。ある人たちにとって、幸運とは偶然のできごとを表わす言葉にすぎず、突発事故のように、なんの目的も理由もなく人に降りかかってくるものです。またある人たちは、すべての幸運は、われらが最も恵み深き女神アシュタルの手より生まれると信じており、この女神は自分を喜ばせる者にたっぷり褒美を与えたがっているのだといいます。わが友人たちよ、互いに意見を述べ合って、わたくしたちひとりひとり全員のもとへかぐわしき運気を差し招く手立てがないものかどうか、模索してみませんか？」

「賛成！　賛成！　大賛成だ！」さらに数を増してきた聴衆が、熱気を帯びた声で応じた。

そこで、アルカドは話を続けた。「議論を始めるにあたって、まずはわたくしたちの中に、機織り職人のかたと同様、みずからなんの努力もすることなく、大金や高価な宝石を拾ったりもらったりした経験のあるかたがおられれば、お話をうかがいましょう」

しばし沈黙が訪れ、誰か発言する者はいないかと全員が顔を見合わせていたが、誰も立ち上がらなかった。

「なんと、おひとりもいらっしゃらない？　とすれば、こうしたたぐいの幸運は、じつにまれであるに違いありません。では、いかなる方向から模索していけばよいか、どなたかご提案いただけませんか？」

「ぼくが提案しましょう」立派な身なりをした青年が立ち上がった。「つき《﹅﹅》について語るなら、賭博台に目を向けるのが自然ではないかと思います。そこにいる者の多くは、なんとか幸運の女神に取り入って、たんまりと勝たせてもらうことを期待しているのではありませんか？」

青年がそう言って腰を下ろすと、誰かの声が飛んだ。「そこでやめるなよ！　話を続けてくれ！　きみは賭博台で、女神からひいきされたのか？　女神がさいころの赤い面を出してくれて、きみは〝親〟から受け取った配当金で財布をふくらませたのか？　それとも青の面が出て、汗水垂らして稼いだ銀貨を〝親〟に貢《みつ》いじまったのか？」

青年は、周りの者たちとともに朗らかに笑ってから答えた。「いさぎよく認めますが、幸運の女神はぼくがそこにいることすら気づいていなかったようです。でも、ここにいる皆さんはどうですか？　女神がそういう場所で待ち構えていて、さいころを都合よく転がしてくれたという経験はありますか？　あればぜひうかがって、参考にしたいものです」

「議論のよい糸口ができましたね」アルカドが言った。「わたくしたちがここに集っているのは、ひとつひとつの疑問にあらゆる側面から切り込むためです。賭博台について論じなかったら、たいていの人間に共通する本能を見落とすことになるでしょう。つまり、わずかな銀貨を張り込んで、あわよくば大枚の金貨を得ようとする射幸の本能です」

「そういやあ、きのうの二輪馬車レース」と、別のひとりが口をはさむ。「幸運の女神が賭博台を足しげく訪れるっていうんなら、きっと二輪馬車レースだって見逃したりはしないでしょうね。金ぴかの馬車や汗にまみれた馬が見られて、さいころ賭博よりずっとわくわくさせられるんだから。正直に答えてくださいよ、アルカドさん。きのうは女神があんたの耳にささやいて、ニネヴェから来た芦毛《あしげ》の馬に賭けさせたんですか？　あたしゃあんたの真後ろにいて、あんたが芦毛の馬に賭けるってんで耳を疑いましたよ。アッシリアからどんな馬が乗り込んでこようと、まともなレースなら、あたしらの自慢の鹿毛《かげ》馬に勝てっこないってことは、あんただって重々知ってたでしょうに。

女神があんたにささやいて芦毛に賭けさせたのは、最終コーナーで内側を走ってた青毛の馬がつまずいて、うちの鹿毛馬をじゃまして、そいで芦毛がすいすい棚ぼたの勝利を収めるってことが、わかってたからなんですか？」

冷やかし半分の問いに、アルカドは鷹揚《おうよう》な笑みを返した。「いったいどんな理由で、聖なる女神が馬車レースでの人ひとりの賭けにそれほど関心を持つとお思いですか？　わたくしにとって幸運の女神とは、愛と気高さの象徴であり、困っている人に救いの手を、報われるべき人に報いの手を差しのべる存在です。わたくしが女神に出会いたいのは、懐《ふところ》に入るお金より出ていくお金のほうが多い賭博台や馬車レース場ではなく、人の営みにもっと値打ちがあり、それがもっと報われてほしい場所です。

大地を耕すにしろ、まっとうな商売をするにしろ、どんな職業にも必ず好機があり、努力とやりかたしだいで利益をあげられます。ただ、ときとして人の判断が間違っていたり、風や天候が人の努力を無にしたりすることがあるので、いつも必ず報われるとは限りません。それでも、粘り強くやれば、たいていは利益がもたらされるでしょう。それはこの場合、利の天秤《てんびん》が常に働く人のほうへ傾いているからです。

しかし、こと賭博となると風向きは逆で、利の天秤は常に客を裏切り、常に胴元のほうへ傾きます。賭博という営みは、胴元を利するように仕組まれているのです。それは胴元のためにある事業であり、その事業は、客の賭けた銭から胴元が莫大な利益を得ることを目的としています。胴元の利がいかに盤石《ばんじゃく》で、客の勝機がいかに不確かなものか、心得ている客はほとんどいません。

例えば、さいころ賭博の賭け金について考えてみましょう。さいころが振られるごとに、客はどの面が上になるかを賭けます。赤い面が出ると、胴元は賭け金に四倍の利益を加えた額を客に払います。ですが、赤以外の五面が上になると、客は賭け金を失います。すなわち、出目は六通りあって、赤の目が出た場合だけ賭け金の五倍の額が支払われるので、客が見込める払戻金は、賭け金の六分の五ということになります。ひと晩で賭けられた総額の残り六分の一が、胴元の利益として確保されるわけです。果たして客は、どうやっても六分の一を失うよう仕組まれた回収率に対して、頻繁に勝つことで、黒字収支を見込めるものでしょうか？」

「それでもたまに、大儲けする人がいますよ」聴衆のひとりが発言した。

「そう、いますね。そこで、こういう疑問が浮かんできます。賭博で手にしたその稼ぎは、末永い富を稼ぎ手にもたらすのでしょうか？　わたくしには、バビロンでも特に裕福だとされる知人がたくさんおりますが、その中からひとりとして、そのような財源を成功への出発点とした人を挙げることができません。

今夜ここに集まった皆さんがたは、さらにたくさんの富裕なバビロン市民をご存じのはずです。では、大いなる興味をもってうかがいますが、財を築いた人々のうち何人ほどが、賭博台から成功への道を歩み始めたと胸を張れるでしょうか？　そういうかたをご存じでしたら、お教えください。いかがですか？」

長い沈黙が続いたのち、ひとりの剽軽者《ひょうきんもの》がきいた。「そん中に、賭博の胴元も含めちまっていいんすかね？」

「もしほかに思いつかないようなら、それでも結構ですよ」アルカドが答えた。「どなたもほかに思いつかないというのであれば、皆さんがたご自身はいかがでしょう？　この中に、言い出しにくいけれど、賭博で勝ち続けているというかたはいらっしゃいますか？」

この問いかけに対し、後方の男たちの喉《のど》からは次々にうめき声があがり、満場に笑いが広がった。

「どうやら、女神が足しげく訪れるという賭場《とば》は、わたくしたちにとって幸運のありかではなさそうですね」アルカドは話を続けた。「ならば、別の場所はどうでしょうか？　落とし物の財布を拾う行為の中に、幸運は見つかりませんでした。賭博台の周りをうろついているわけでもありませんでした。二輪馬車レースのことを正直に申し上げると、わたくしは、これまで手にした配当金よりはるかに多額の賭け金を失っています。

次に、わたくしたちの商売や仕事について考えてみましょう。利のある取引が成立したとき、わたくしたちはふつう、それを幸運のおかげとは見なさず、みずからの努力が正当に報われたものと考えるのではないでしょうか？　わたくしには、女神からの贈り物が見落とされているように思えてなりません。ほんとうは運の助けを得ていながら、女神のその寛大なふるまいに目が届かないだけではなかろうか、と。さあ、これについて、どなたかもっと議論を深めていただけないでしょうか」

すると初老の商人が、品のいい白い上着のしわを伸ばしながら立ち上がった。「誉れ高きアルカド殿とわがご友人諸氏のお許しを願って、提案させていただきます。今おっしゃったように、われわれが仕事上の成功を自分の働きぶりや能力のおかげだと考えがちであるのなら、ひとつ目を転じて、ほぼ手中に収めながら逃してしまった成功のことを、大きな利益を生むはずだった儲け話のことを考えてみてはいかがでしょう。もしそういう話が実現していたら、幸運というものの貴重な実例となったはずです。ところが、実現には至らなかったのだから、みずからの努力に対する正当な報いと見なすわけにはいかない。きっと、そのような経験をお持ちのかたが、ここにはたくさんおられることでしょう」

「とてもよい切り口が示されました」アルカドが同意した。「幸運をつかみかけながら、結局逃げられてしまったというかたは、いらっしゃいますか?」

多くの手が挙がり、その中には提案した当の商人の手もあった。アルカドは身ぶりで、その商人に発言を促した。「あなたが示された切り口ですから、まずはあなたのお話をうかがいたいものです」

「喜んでお話ししましょう」商人はふたたび話し始めた。「この経験が物語っているのは、幸運がどれほど人のすぐそばまで近づき、また人がどれほど迂闊《うかつ》にその運を取り逃がして、結果的に大損をし、後悔するかということです。

何十年もの昔、わたしが新婚ほやほやの若者で、順調に稼ぎ始めたばかりのころ、父がある日わたしのところへ来て、かなりしつこく投資を勧めました。父の親友の息子さんが、バビロンの周壁からさほど遠くない場所にある不毛の土地に目をつけたのです。そこは、灌漑《かんがい》用水路より高い位置にあるため、水を引けない土地でした。

息子さんはその土地を購入するにあたり、開発計画を立てていて、それは、雄牛を動力とする大きな水車を三基設置し、水路からその不毛の土地へ、作物を育てる水を引くというものでした。揚水に成功したら、その土地を細かく分割してバビロンの人たちに売り、香草畑に使ってもらおうと計画したのです。

ところが、その息子さんには、それだけの事業を遂行する資金がありませんでした。わたしと同様、並の稼ぎしかない若者だったからです。ご尊父も、わたしの父と同様、大家族を養っていて、あまり裕福ではありませんでした。そこでそのかたは、事業計画に加わってくれる出資者を募ることにしたのです。募集人員は十二名で、おのおの自分の稼ぎがあり、土地の整備が完了するまで稼ぎの十分の一を事業に投資する、というのが条件でした。整備した土地が売却できたら、投資額に応じて、全員で公平に利益を分配する仕組みになっていました。

わたしの父は、『わが息子よ、おまえは男としての人生を歩み始めた。わたしの切なる願いは、おまえが価値ある資産を自力で築き始めて、やがて人から敬われる男になることだ。この父の軽率《けいそつ》な過《あやま》ちから学んで、それを糧《かて》にしてほしいと願っている』と話しました。

『ぜひともそういう男になりたいと望んでいます、父上』わたしはそう返事をしました。

『ならば、助言させてもらおう。わたしがおまえの年代でやっておくべきだったことをやるのだ。稼ぎの十分の一を取りのけ、それを有望な投資に振り向けるがよい。その投資と、投資が稼ぎ出す金があれば、わたしの年齢になるまでに大いなる資産を積み上げられる』

『非常に賢明なお言葉だと思います、父上。確かに、わたしは豊かになりたいと望んでいます。ですが、わたしの稼ぎには使い道がたくさんあるのです。だから、せっかくのご助言を実行するのはためらわれます。わたしはまだ若くて、時間はいくらでもあります』

『わたしもおまえの年齢のときにはそう思っていたが、どうだ、何十年たった今でも、財産を築き始めてすらいない』

『時代が違いますよ。父上の犯した過ちはくり返しません』

『目の前に好機が到来しているのだ、息子よ。おまえを富へと導く絶好の機会が差し出されているのだ。どうか乗り遅れないでくれ。あす、わが友人の息子に会いに行って契約を結び、おまえの稼ぎの十分の一をその投資に回すのだ。朝起きたら、すぐに行くがよい。好機は人を待っていてはくれない。今そこにいたかと思ったら、すぐに姿を消してしまう。だから、乗り遅れるでない！』

　父の助言だとはいえ、わたしは気が進みませんでした。東方から貿易商が運んできたばかりの、新品の美しい上着が気になっており、それがあまりに華やかで美しい服だったので、いとしき妻とわたしとに一着ずつあがなうべきだと思っていました。もしその事業に稼ぎの十分の一を投資することにすれば、わたしと妻が心から欲している楽しみのあれこれをあきらめねばなりません。それで、わたしは決断を遅らせて好機を逸し、たいへん後悔するはめになったのです。のちにその事業は、誰も予測しなかったほどの儲けを生み出しました。以上がわたしの経験で、いかにしてみすみす幸運を逃したかを示しています」

「今のお話から、幸運は、好機を逃さない人のもとへ舞い込んでくるということがわかります」浅黒い肌をした、砂漠の民が評した。「財産を築くには、きっかけがなくてはなりません。それは、稼ぎの中から初めての投資に回した数枚の金貨や銀貨かもしれない。わたしは今、家畜をたくさん所有しております。この家畜の群れの始まりは、わたしがまだほんの子どものころ、銀貨一枚で買った一頭の仔牛です。この仔牛はわたしの富のきっかけを作ったので、わたしにとって非常に重要なものでした。

財を築くための最初の一歩を踏み出すという行為は、幸運のひとつの形であり、それは誰にでも訪れる可能性があります。その最初の一歩によって、人は、働いてのみ稼ぎを得る人間から、稼いだ金にさらなる金を稼がせる人間へと変わるわけですから、大切な一歩だと言えましょう。運よく若くして最初の一歩を踏み出した人は、あとから踏み出した人や、あるいは今の商人のかたのお父上と同じ、不幸にして踏み出さなかった人の先を行き、大金を手にするのです。

もしわれらが友なる商人のかたが、青年期に好機がめぐってきたとき最初の一歩を踏み出していたら、今よりずっと多く、この世のよきものに恵まれていたでしょう。また、われらが友なる機織り職人のかたが拾った幸運は、今すぐご本人に最初の一歩を踏み出させ、その一歩がけし粒みたいに見えてくるほどの大きな大きな財産を生むでしょう」

「すばらしい話だ！　わたしにも発言させてください」異国から来た、見慣れぬ男が立ち上がった。「わたし、シリア人です。お国の言葉、あまりうまくしゃべれません。わたし、この親愛なる商人のかたを、ある名前でお呼びしたい。失礼かもしれませんですけど、そうお呼びしたいです。けど、残念、バビロニアの言葉でなんと言うか、知りません。シリアの言葉でお呼びしても、皆さんにわからないでしょう。どうか、親切なおかた、ぴったりの言葉を教えてください。自分にとって非常によいことを先延ばしにする人、なんと呼びますか？」

「優柔不断」誰かが答えた。

「それです！」シリア人は大声で言い、興奮して両手を振った。「優柔不断な人は、好機が来てもつかみません。待ちます。今はやることたくさんあるから、と言います。それ、さよならです。好機はそんなのろまな人、待ってくれません。運をつかみたい人、ぱっと踏み出します。好機が来たとき、ぱっと踏み出さない人は、親愛なる商人のかたと同じ、とっても優柔不断な人です」

商人が立ち上がり、周囲の笑いに愛想よくおじぎをして応えた。「われらが街にお迎えした異国のかたよ、よくぞ腹蔵《ふくぞう》なく真実を語られたと感服いたします」

「さて、好機に関して、ほかのかたのお話をうかがうことにしましょう。体験を語ってくださるかたはいらっしゃいますか?」アルカドが水を向けた。

「わたしがお話しします」赤い上着をまとった中年の男が応じた。「わたしは、おもに駱駝や馬を商う家畜商です。ときには羊や山羊《やぎ》を買い付けることもあります。これからありのままにご披露するのは、ある夜に、まったく予測もしていなかった好機がわたしに降りかかってきたその顛末《てんまつ》です。わたしはおそらく、心の備えがなかったせいで、好機を逃してしまいました。まあ、この分析が正しいかどうかは、皆さんでご判断ください。

ある晩、駱駝を求めて十日も旅をしたあげく、徒労に終わって、がっかりしながらバビロンへ帰り着くと、腹立たしいことに周壁の門は閉まり、鍵もかかっていました。奴隷たちがしかたなく、夜に備えてその場に天幕を広げました。その下で水もなく、わずかな食べものだけでひと晩過ごすことになるのだと考えていると、初老の農夫がわたしに近づいてきました。その農夫もわたしたちと同様、期せずして街から閉め出されたのです。『旦那様は』その男がわたしに話しかけました。『ごようすからして、家畜を商うかたとお見受けしやす。もしそうなら、ぜひあなた様に、あっしが連れてきたばかりの極上の羊の群れをお売りしたい。じつは、女房が重い病で床にふせっておりやして、あっしは大急ぎで戻らにゃなりません。羊を買っていただければ、あっしと奴隷たちは、駱駝だけ引き連れて、早く家へ帰れやしょう』

あたりが非常に暗かったので、その男の羊はよく見えませんでしたが、鳴き声からして多数の群れであることは間違いなさそうでした。わたしは駱駝を求めて十日もむだにしていたので、男と取り引きできることを喜びました。向こうは心配ごとをかかえていましたから、示された値段はじつに手ごろなものでした。わたしはその値段で手を打ちました。翌朝、門が開いたら、羊の群れを街に引いていって、かなり高く売ることができるだろうと踏んだのです。

取引が成立し、わたしは奴隷にたいまつを持ってこさせて、農夫の言うとおり羊が九百頭いるかどうか確かめようとしました。ここで皆さんにそのようすをくどくどと述べて、お耳を煩《わずら》わせるつもりはありませんが、水を求めて絶えずうろつき回る何百頭もの羊を数える作業は、困難をきわめました。じきに、数えきるのは無理だとわかりました。そこでわたしはにべもなく、日が昇ったら羊を数えて、それから支払いをする、と農夫に告げたのです。

『どうかお願いです、旦那様』と、農夫が泣きついてきました。『朝いちばんであっしが家路につけるよう、今夜、代金の三分の二だけ払っていただけないでしょうか。奴隷の中でいちばん利口で学のあるやつをここに残して、あすの朝、あなた様が羊を数えるのを手伝わせます。信頼のおける奴隷ですから、その者に残りの代金を支払ってくだされば結構です』

しかし、わたしは頑として、夜のうちに支払うことを拒みました。すると翌朝、わたしが起き出す前に門が開き、街の中から、四人の家畜商が家畜を求めて飛び出してきました。バビロンは当時、敵軍の兵糧《ひょうろう》攻めにあっていて、食糧不足の状態だったので、家畜商たちは買う気満々でした。農夫はその家畜商たちに羊を売って、わたしへの言い値の三倍近い額を、代金として受け取ることができました。こうして、わたしはめったにない幸運をみすみす逃してしまったのです」

「とても貴重な体験をうかがいました」アルカドが評した。「この話が示す教訓は、なんでしょうか？」

「賢明な取引だと得心したら、ただちに支払いをせよということでしょうな」高齢の鞍職《くら》人が意見を述べた。「好条件の取引であるなら、競争相手に対してばかりでなく、自分の弱みに対しても防護策を講じなくてはなりますまい。生身の人間は、移り気なものです。しかも悲しいかな、誤った考えを抱いているときより、正しい考えを抱いているときに気が変わりやすい。誤った考えを抱いているときは、われわれはまことに頑固です。正しい考えを抱いているときに、ふらふらと迷い、好機を逸してしまいがちではありませんかな？最初の判断こそ、最良の判断です。かく言うわたしも、好条件の取引を進める際にいつも、ためらいを振り切るのに苦労してきました。そこで、わたしは自分の弱みに対する防護策として、即座に手付金を払うことにしています。そうすれば、あの幸運は自分のものになるはずだった、などと後悔せずにすみますから」

「すばらしい話だ！　わたしにまた発言させてください」シリア人がもう一度腰を上げた。「ふたつのお話、たくさん似ています。どちらも、同じ理由で好機が逃げましたね。どちらも、優柔不断な人のところへ女神が儲け話を運んできました。どちらも、ぐずぐずして、『今がそのときだ、すぐやろう』と言いませんでした。それでどうやって、成功できますでしょう？」

「鋭いご指摘です、わが友よ」家畜商が応じた。「どちらの話でも、幸運は優柔不断な者のもとから逃げ去ってしまいました。とはいえ、これは特殊な例ではありません。優柔不断な魂は、誰の中にも存在します。われわれは金持ちになりたいと望んでいます。なのに、目の前に現われたせっかくの好機を、われわれの内なる優柔不断な魂がさまざまな手口で遠ざけてしまうという例が、いかに多いことか。この魂の言うことに耳を貸すと、自分が自分の最大の敵となるのです。

わたしは若いころ、自分のそのような傾向を、われらがシリア人の友が好まれる〝優柔不断〟という言葉ではとらえていませんでした。最初は、自分の判断がまずかったせいで、利のある取引を何度も逃したのだとくやみました。その後は、頑固な性格のせいだと考えました。それからようやく、根本原因に思い当たったのです。それは、迅速かつ果敢な行動が求められる場面で、理由もなく事を先延ばしにする癖です。そういう本性が明らかになったとき、わたしがどんなにそれを憎らしく思ったことか。わたしは二輪馬車につながれた野生の驢馬《ろば》にも似た憤りを覚え、この優柔不断という敵から自分を解き放って、成功へと走りました」

「すばらしい話だ！　よろしかったら、先ほどの商人のかたにうかがいたい」シリア人が発言した。「あなたがまとっている上等の服は、貧しい人間の着るものと異なります。あなたは、成功した人の話しかたをします。では、今もし優柔不断な魂がささやきかけてきたら、あなたは耳を傾けますか?」

「われらが友なる家畜商のかたのごとく、わたしも自分の内に優柔不断さを見出して、それを克服しなければなりませんでした」商人が答えた。「それが自分の敵であり、いつも機をうかがって、わたしが何かを成し遂げるのを邪魔しようとしていることがわかったのです。先ほどお話しした件はほんの一例で、同じように好機を逃した経験なら、いくらでも挙げられます。ひとたび弱点に思い至れば、克服するのはむずかしいことではありません。誰しも、貯蔵庫の穀物をむざむざ盗人に盗ませはしないでしょう。誰しも、顧客をむざむざ商売がたきに差し出し、儲けをむざむざ譲り渡したりはしないでしょう。わたしは、自分が内なる敵にそういう所業を許してきたことを悟ったとき、その敵と向き合って、断固打ち破りました。何人《なんぴと》も、みずからの優柔不断な魂を征服しないかぎり、バビロンの豊かな財宝の分け前にあずかることなど期待できません。


どうでしょうか、アルカド殿? あなたはバビロン一の大金持ちで、いちばん幸運な男だと世に喧伝《けんでん》されています。人がじゅうぶんな富を手にするためには、内なる優柔不断な魂を叩きつぶさなくてはならないというわたしの意見に、あなたは賛同されますか?」

「おっしゃるとおりだと思います」アルカドが認めた。「これまでの長い人生で、わたくしは次々現われる新たな世代の人たちと出会い、商いや学問や修行の道を、ひとりひとりが成功に向かって歩むようすを見てきました。好機はその人たち全員に訪れました。それをつかんで着実に前に進み、心の深い底にある望みを実現した人もいますが、大多数の人はためらい、つまずき、脱落していきました」

アルカドは、機織り職人に向き直った。「幸運について論じようと提案されたのは、あなたです。ここまでの議論を、あなたがどうお感じになったか、聞かせてください」

「わたしは今、幸運というものを違う目で見ています。これまで、幸運とは、なんの努力もせぬ人に与えられる最高の賜《たまわ》り物だと考えていました。ですが今は、そういう偶然の恵みを、当て込んだりうらやんだりすべきではないと知りました。ここで行なわれた議論から、わたしが学んだのは、幸運を引き寄せるには、好機を逃さずものにする努力が不可欠であるということです。将来そういう好機がめぐってきたら、存分にそれを活かせるよう力を尽くします」

「ここでの議論から導き出された真理を、しっかりとつかんでおられるようですね」アルカドが返した。「わたくしたちが見出したことは、幸運はたいがい好機と連れだってくるもので、違う形で訪れることはめったにない、ということです。われらが友なる商人のかたは、幸運の女神に与えられた好機を受け取っていたら、ひと財産築けたことでしょう。同じくわれらが友なる家畜商のかたも、羊の群れの代金を払い、高値で売るところまで行っていたら、かなりの収益に恵まれたことでしょう。

幸運を呼び込む手立てを見出そうと、わたくしたちはこの問題を論じ詰めました。答えにたどり着けたような気がいたします。おふたかたの体験談は、好機が幸運を引き連れてくることを実証してくれました。そこに表われた真理は、数多くある似たような運不運の物語の中に埋もれぬ輝きを放っています。その真理とはこうです。幸運は好機をつかむことによって呼び込むことができる。

よりよき人生を送るために好機をものにしたいと願うなら、幸運の女神の気を引くことです。女神は常に、ご自分を喜ばせてくれる者に手を差しのべようとします。そして、行動する人間こそが、女神を何より喜ばせるのです。

行動はあなたを、あなたが望む成功へと導いてくれるのです」

行動する人間は、幸運の女神を振り向かせる

第五章 試練

価値があるのは、金貨が入った袋か、知恵が詰まった袋か？

「金貨のずっしり詰まった袋か、格言が刻まれた粘土板か。選べるとしたら、おぬしらはどちらを選ぶ？」

砂漠の灌木《かんぼく》を燃やすたき火の、揺らめく明かりに照らされて、聞き手の日焼けした顔に好奇の光がちらついた。

「金貨だ、金貨ですよ」二十七人の聞き手が、異口同音に答えた。

カラバブ老は、さもありなん、というような笑みを浮かべた。

「よいか」カラバブは片手を挙げながら、また語り始めた。「夜中に徘徊する、あの野犬どもの声を聞け。遠吠えし、悲しげに鳴くのは、飢えて痩《や》せこけておるからだ。けれども餌《えさ》を与えたとて、やつらは何をする？　ただ争い、うろつき回るだけだ。そうして相変わらず争ってはうろつき回るばかりで、確実に訪れるあすのことなど考えもせん。

人の子とて同じことだ。金貨か格言か、どちらかを選ばせると……いったい何をするだろうか？　格言には目もくれず、金貨をむだづかいする。そして、あすには金貨が一枚もなくなって、嘆き悲しむことになる。

金貨を引きとどめることができるのは、黄金の法則を知り、その法則に従う者だけなのだ」

カラバブは、痩せた両脚のまわりに白い長衣《ながぎぬ》のすそをぴったりとかき寄せて、吹きつける冷たい夜風を防いだ。

「おぬしらはこの長旅のあいだ、わしに忠実に仕えてくれて、わしの駱駝《らくだ》の世話を焼き、砂漠の焼けた砂の上を難儀しながら文句も言わずに進み、わしが仕入れた荷を盗賊どもが奪おうとしたときも、勇ましく闘ってくれた。だからわしは今宵、五つの黄金法則の話をしてやろう。おぬしらがいままで一度も聞いたことがない話をな。

よいか、心してわしの言葉に耳を傾けるのだ。おぬしらが言葉の意味をつかみ、それを心に刻めば、来たるべきいつの日か、おぬしらは大枚の金貨を手にするだろう」

カラバブは、厳粛な面持ちで言葉を切った。頭上はるか、水晶のごとく澄みきったバビロニアの夜空に星々がきらめく。一同の背後にぼんやりと浮かび上がる色あせた天幕は、砂嵐に備えてしっかりと杭《くい》で留められていた。天幕のそばに、仕入れた荷がきちんと積み重ねられ、革の覆いがかけられている。荷のかたわらでは、駱駝の群れが砂の上に四肢を伸ばし、満足げに餌を反芻《はんすう》したり、しわがれた耳障りないびきをかいたりしていた。

「今までも、ためになる話をずいぶん聞かせてもらったよ、カラバブの旦那」荷運び人夫の頭《かしら》が口を開いた。「あした、旦那の荷を運ぶ仕事が終わったら、みんな旦那がくれた知恵のお導きに従おうと思ってるんだ」

「わしがこれまで語ったのは、遠い異国の地での冒険談にすぎなかったが、今宵は金持ちの賢人、アルカドの知恵について語るつもりだ」

「その人のうわさは、いろいろと聞いたことがある」頭がうなずいた。「バビロンの歴史の中でも、いちばんの大金持ちだったそうじゃないか」

「途方もない大金持ちだった。それはアルカドが金貨の扱いに長《た》けていたからで、かつては誰もそんな知恵を持っていなかった。今宵は、そのアルカドの大いなる知恵について語ろう。何十年も前にニネヴェで、わしがほんの若造だったころ、アルカドの息子ノマジールから聞いたとおりにな。


その日、わしの主人とわしは、ノマジールの邸宅に夜中まで長居をしていた。わしは主人を手伝って、質のよい敷物を幾重も持参し、ノマジールがそれをひとつひとつ広げてみては、好みに合う色のものを選んだ。ノマジールはやがて大いに満足すると、わしらを坐らせ、珍品の旨酒《うまさけ》をふるまってくれて、その妙《たえ》なる香りは鼻孔をくすぐり、そういう酒を飲み慣れんわしの胃袋を熱く火照《ほて》らせた。

そうしてノマジールは、父のアルカドから授かった大いなる知恵の話をしてくれた。わしがこれからおぬしらに話すようにな。

知ってのとおり、バビロンの習わしでは、裕福な家庭の子息は両親と同居し、将来その資産を受け継ぐことになっている。だがアルカドは、そうした習わしをよしとしなかった。それゆえ息子のノマジールが一人前の男になると、息子を呼んでこう説いた。

『息子よ、わたしの望みは、おまえがわたしの資産を相続することだ。だが、おまえはまず、わたしの資産を賢く運用する能力があることを、身をもって示さねばならぬ。それゆえ、世間に出て、金貨を手に入れる力と人に敬われる力とを身につけ、わたしに見せてもらいたい。

はなむけとして、ふたつのものを与えよう。それは、わたしが貧しい若者の身で財を築き始めたころには、望むべくもなかったものだ。

まず、この金貨の入った袋を与える。これを賢く使えば、おまえが将来築く富のいしずえとなるだろう。

次に、五つの黄金法則を刻んだこの粘土板を与える。おまえがこの法則の意味を読み取って、みずからの行動に活かせば、財を生むすべとその財を守るすべをわがものとできるだろう。

きょうから十年たったら、この父の家に戻ってきて、おまえの身に起こったことを語るがよい。そして、おまえにその資格があるとわかったなら、わたしはおまえを遺産の相続人に指名しよう。さもなくば、資産を神官に寄付し、その金と引き換えに、神々がわたしの魂に情けをかけてくださるよう祈願してもらうこととする』

こうしてノマジールは、家を出て自活することになり、金貨の袋と、絹布《けんぷ》でていねいにくるんだ粘土板を携え、奴隷を伴って、馬上の人となった。

それから十年が過ぎ、ノマジールが取り決めのとおり家に戻ってきたので、父のアルカドは帰還を祝して盛大な宴会を催し、多数の友人や親戚を招いた。宴《うたげ》が終わると、大広間の端にある玉座のような椅子に、ノマジールの両親が腰かけ、ノマジールはその前に立って、父に約束したとおり、自分の身に起こったことを語った。

夕暮れどきだった。ほのかに灯《とも》ったランプの、灯心がいぶす煙のせいで、広間は淡くもやっていた。白い織物であつらえた制服をまとった奴隷たちが、茎の長い椰子《やし》の葉を軽やかに動かして、湿った空気をあおぐ。厳粛な雰囲気が場を包み込んでいた。ノマジールの妻と幼い息子ふたりは、友人たちやほかの家族の者たちとともに、ノマジールの後ろで敷物に坐り、じっと耳を澄ましていた。

『父上』ノマジールは、うやうやしく話し始めた。『わたしは父上の知恵に敬服いたします。十年前、わたしが人生のとば口に立っていたとき、父上はわたしに、親の財産のしもべで終わらぬよう、家を出て男の中の男になれと命じられました。

父上はわたしに、気前よく金貨をくださいました。そして、気前よく知恵をくださいました。金貨については、なんともはや！　ひどい使いかたをしたと認めねばなりません。金貨は未熟なこの手から、文字どおり飛び去ってしまい、それは少年に捕らえられた野うさぎが、わずかなすきを見つけた瞬間に逃げ出すような勢いでした』
　父のアルカドは、鷹揚《おうよう》にほほ笑んだ。『話を続けるがよい、息子よ。おまえの話は細かな隅に至るまで興味深い』
『わたしがニネヴェに行こうと決めたのは、栄えつつある街だったので、きっと好機に出会えるだろうと考えたからです。わたしは隊商に加わり、ともに働く仲間のうちから多くの友を得ました。中に話しじょうずなふたりの男がいて、この上もなく美しい白馬を一頭所有しており、その馬は疾風《はやて》のごとく駆ける駿馬《しゅんめ》でした。
　旅の途中、ふたりはわたしに内々に話をしました。ニネヴェに住むある裕福な男が所有する馬はとても足が速くて、一度もほかの馬に負けたことがない。その男は、自分の馬よりも速く走れる馬はこの世にいないと信じている。だから、バビロニアのどんな馬との勝負にも応じて、自分の馬に大金を賭けるというのです。そして、ふたりの男が言うには、自分たちの馬と比べたら、そのニネヴェの馬など駑馬《どば》にすぎず、影も踏ませないということでした。

ふたりは、賭けにわたしを特別に参加させてやると誘ってきました。わたしは、思わぬ儲け話にすっかり心を奪われてしまいました。

ところが、ふたりの馬はさんざんな負けかたをし、わたしはかなりの金貨を失いました。

そう聞いて、アルカドが大声で笑った。『あとになってわかったことですが、それは仕組まれたわなで、ふたりはたびたび隊商に加わっては、かもを探していたそうです。ご推察のとおり、ニネヴェの馬主もふたりの仲間で、自分が得た配当金を三人で山分けしていたのです。わたしはこの巧妙な詐欺から、自分の身を守るうえでの最初の教訓を学びました。

ほどなく別の経験からも学ぶことになり、同様の苦い思いをさせられます。わたしは隊商にいたある青年と、とても仲よくなりました。青年は裕福な家庭の息子で、わたしと同じく、ニネヴェでしかるべき落ち着き先を見つけようとしていました。ニネヴェに到着してすぐのころ、その青年は、ある商人が亡くなったので、在庫がたっぷり残っている店舗を得意客ごと、はした金で買い取れるという話を持ちかけてきました。その店を共同経営しようというのです。ただし、自分はまずバビロンに戻って、金を取ってこなくてはならない。そこでわたしを説得して、とりあえずわたしの金で店舗と在庫を買い取り、自分が持ってくる金は店の運転資金にあてるという案に同意させました。

ところが、青年はバビロンへの帰省を長々と引き延ばし、そのあいだにろくでもないものばかり仕入れて、あと先も考えず金を使いまくったのです。わたしはたまりかねて、青年をくびにしましたが、そのときにはすでに店は傾き、売れる見込みのない在庫をかかえて、別の品を仕入れる金もないというありさまでした。わたしは店と在庫を、二束三文でイスラエル人に投げ売りしました。

それからすぐに、苦しい日々が始まりました。商才もなく、身につけた技術もないのですから、職を探しても見つかりません。わたしは馬を売りました。奴隷も売りました。余分な長衣まで売って、食べものや寝る場所を工面しましたが、日に日に奈落の底が近づいてきました。

ですが、父上、窮乏の日々のさなかにも、わたしは父上が寄せてくださった信頼を忘れませんでした。わたしは一人前になるために家を出たのですから、その目的は果たそうと心に決めていました』ノマジールの母は両手に顔を埋《うず》めて、そっと涙した。

『このころ、わたしは父上にいただいた粘土板のことを思い出しました。父上の手で、五つの黄金法則が刻まれた粘土板です。叡智《えいち》の込められた言葉を、噛み締めるように読んだとき、わたしは、最初からこれにすがってさえいたら、金貨を手放さずにすんだということを悟りました。そして、五つの黄金法則をひとつひとつ胸に刻み、次にもし幸運の女神がほほ笑みかけてくれたなら、若い未熟な知恵ではなく、風雪に耐えた円熟の知恵を頼りにしようと心に決めました。

今宵、ここにお集まりになったかたがたのために、父がみずから粘土板に刻み、十年前にわたしに与えた五つの黄金法則を読み上げましょう。

「お金」と「幸せ」を生み出す五つの黄金法則

一　家族と自分の将来のために収入の十分の一以上を蓄える者の元には、黄金は自らを膨らませながら、喜んでやってくるだろう

二　黄金に稼げる勤め先を見つけてやり、持ち主が群れを膨大に増やす羊飼いのように賢明ならば黄金は懸命に働くことだろう

三　黄金の扱いに秀でた者の助言に熱心に耳をかたむける持ち主からは、黄金が離れることはないだろう

四　自分が理解していない商い、あるいは、黄金の防衛に秀でた者が否定する商いに投資してしまう持ち主からは黄金は離れていくだろう

五　非現実的な利益を出そうとしたり謀略家の甘い誘惑の言葉にのったり己の未熟な経験を盲信したりする者からは黄金は逃げることになるだろう

以上が、父の記した五つの黄金法則です。わたしはこの法則に金貨そのものよりはるかに高い価値を認めますし、これからお話しする顛末《てんまつ》からも、それがおわかりいただけるでしょう』

ノマジールは、ふたたび父と向かい合った。『ここまでわたしは、自分の未熟さがもたらした貧困と絶望の深さをお話ししてきました。

しかしながら、災難続きにもやがては終わりが訪れます。わたしの災難が終わりを告げたのは、ニネヴェの周壁の新築工事で、人夫の奴隷たちを管理する仕事に就いたときでした。

わたしは黄金の第一法則から得た知識を活かして、最初の給料から銅貨を一枚貯金し、給料が入るたびに銅貨を足していって、やがて銀貨一枚になる額まで貯めました。生活していかなくてはならなかったので、ゆるやかな歩みでした。わたしはほんとうにちびちび

としか金を使わず、それは、十年以内に、父上にいただいた金貨と同じ額を稼ぎ出そうと心に決めていたからです。

ある日、ごく親しい仲になった奴隷商人が言いました。『おまえさんは若いのに倹約家で、稼いだ金を見境なく使ったりはしないようだな。貯めた金は、寝かせたままなのか？』

『ええ。わたしのいちばんの望みは、お金を少しずつ貯めて、失ってしまった父からの餞別と同じ額の金貨を手にすることです』

『なるほど、そりゃ確かに、苦労の甲斐ある大望だ。おまえさん、自分の貯めた金が自分のために働いて、もっと金を稼いでくれることを知ってるか？』

『知ってはいますが……投資で苦い経験をして、父にもらった金貨を手放す結果になったので、今貯めているお金が同じように逃げ出してしまわないかと、心配でならないんです』

『おれをもし信頼してくれるんなら、利益の見込める金の運用法を教えてやるよ。周壁の工事は一年以内に完了し、次はいくつかの入口に青銅の巨大な城門を設置して、王の敵から街を守るという段階に入る。だが、ニネヴェじゅう探しても、そういう門を造れる量の銅や錫《すず》はないし、王も調達する手立てを考えていない。そこで、おれは考えた。何人かで共同出資して、遠方にある鉱山に隊商を送り、門を造る資材をニネヴェまで運ばせる。そうすると、王がいざ『巨大な城門を鋳造《ちゅうぞう》せよ』と命じたとき、資材を供給できるのはおれたちだけだから、いい値段で王に買い取ってもらえる。もし王が金を出さなくても、手もとに残った銅と錫は、悪くない値段で売却できるってわけだ』

わたしはその提案の中に、第三の法則を実践する好機を認めました。すなわち、知恵ある人の導きに従った投資です。そして、今度は期待を裏切られませんでした。共同出資は成功し、わたしのささやかな蓄えは、その取引のおかげでたいへんな額に増えたのです。

やがてわたしは、同じ出資団による別の投資にも加えてもらいました。その人たちは、利益の出せる金貨の運用法に長けていました。候補となる事業計画のひとつひとつを、綿密に検討したうえで、出資を決めます。元手を失う危険は冒しませんし、資金を回収できなくなる恐れのある事業にも手を出しません。わたしがかつて、未熟さゆえに誘い込まれた競馬とか共同経営とかいうあさはかな儲け話など、その人たちなら一顧《いっこ》だにしなかったでしょう。提案を聞いただけで、落とし穴を指摘してくれたはずです。

こういう人たちとの付き合いを通じて、わたしは堅実な投資で利を得るということを覚えました。そして、年を追うごとに、資産の増えかたが加速していきました。わたしは失った金貨と同じ額を取り戻したばかりか、大きくそれに上乗せしたのです。

逆境、試練、そして成功という道のりの中で、わたしは何度となく、五つの黄金法則の知恵を試しましたが、そのたびに、その知恵の正しさが立証されました。五つの法則を知らない者のもとには、金貨はあまり寄ってこず、寄ってきてもすぐに去ってしまいます。ですが、法則に従う者のもとには、金貨が押し寄せ、しかも忠実なる奴隷として働いてくれるのです』

ノマジールは話を中断し、広間の後方に控えていた奴隷を手招きした。奴隷は三つの重い革袋を、ひとつずつ運んできた。ノマジールはそのうちひとつを父の前の床に置いて、ふたたび口を開いた。

『父上はわたしに、バビロンの金貨の入った袋をくださいました。ご覧ください、その金貨のかわりに、同じ重さのニネヴェの金貨をひと袋お返しします。相等《あいひと》しい交換であることは、どなたにも認めていただけるでしょう。

また、父上はわたしに、格言を刻んだ粘土板もくださいました。ご覧ください、その粘土板のかわりに、金貨をふた袋お返しします』ノマジールはそう言いながら、奴隷から袋をもうふたつ受け取り、同じく父の前の床に置いた。

『父上、わたしはこうした形で、わたしが父上の知恵を金貨よりはるかにありがたく思っていることを示したいのです。とはいえ、知恵の値打ちを、誰が金貨で計れましょう？知恵がなければ、手にした金貨もたちまち失われますが、知恵があれば、何も持たぬ手に金貨が吸い寄せられるもので、金貨の詰まったこの三つの革袋が何よりの証《あかし》です。

父上の知恵のおかげで富を手に入れ、人に敬われる身となって、その旨《むね》をこうしてじかにご報告できることを、この上なくうれしく思います』

父のアルカドは、ノマジールの頭にいとしげに片手を載せた。『おまえは学ぶべきことをよく学んでくれた。わが富を託すべき息子を得て、わたしはまことに果報者だ』」

カラバブは話をやめて、周囲の者を値踏みするように眺めた。

「さあ、このノマジールの物語を、おぬしらはどんな思いで聞いた？

おぬしらのうち誰が、父親や舅《しゅうと》のもとに出向いて、稼ぎの賢い運用法を語ったりできるだろう？

例えばこんなふうに話したとしたら、聡《さと》き年長者たちにどう思われるだろう？『おれはたくさん旅をし、たくさん学び、たくさん働き、たくさん稼いだが、残念なことに、手もとにほとんど残ってない。おれは稼ぎの一部を賢く使い、一部を愚かしく浪費し、おおかたをくだらないやりかたで失った』

おぬしらはいまだに、一部の人間がたくさん金貨を持ち、残りの者はまったく持たないのを、単なる運命のめぐり合わせだと思っているのではないか？　それは思い違いだ。

人は、五つの黄金法則を知り、それに従ったとき、大枚の金貨をわがものとする。

わしは若いころにこの五つの法則を学び、それに従ってきたからこそ、裕福な商人になったのだ。得体の知れぬ魔術などで富を積み上げたわけではない。

たやすく手にした富は、たやすく手からこぼれ落ちてしまう。

持ち主のもとにとどまり、持ち主に快楽と満足を与える富とは、徐々に流れ込むものだ。なぜなら、そういう富は、金貨についての知識とたゆみない努力というふた親から生まれてきた子どもだからだ。

富を稼ぐことは、思慮深い者にとって微々たる肩の荷でしかない。来る年も来る年も、その荷を着実に担い続ければ、必ず最終目標にたどり着く。

五つの黄金法則は、それを遵守《じゅんしゅ》する者に豊かな報酬を与えてくれる。

ひとつひとつどれもが含蓄に富んだ法則だから、わしの説明が足りぬせいで、おぬしらがその意味を見落とすことのないよう、ここであらためてくり返しておこう。わしがすべての法則をまるごと暗記しているのは、若い時代にそのありがたみを実感し、一言一句そらんじずにはいられなかったからだ」

〈黄金法則　その一〉

家族と自分の将来のために収入の十分の一以上を蓄える者の元には、黄金は自らを膨ら

ませながら、喜んでやってくるだろう

「稼ぎの十分の一を着実に蓄えて、賢く投資する者は、必ずや価値のある資産を創り出す。その資産は将来その者に収入源を与え、さらにその者が神々から闇の世界へと召された際には、家族に安定した生活を保証するだろう。この法則はまた、金貨はそういう者のもとにおのずと流れ込む、ということも教えている。わしの人生経験からも、まさにそのとおりのことが言える。金貨を積み上げるほどに、新たな金貨がわしの懐《ふところ》に流れ込み、流れ込む額も増えていく。貯めた金貨がさらに金貨を稼ぎ、稼いだ金貨がまたさらに稼ぎ、誰がやっても同じことが起こる。これが法則その一の作用というものだ」

〈黄金法則　その二〉

黄金に稼げる勤め先を見つけてやり、持ち主が群れを膨大に増やす羊飼いのように賢明ならば黄金は懸命に働くことだろう

「金貨は、ほんとうに働き者だ。好機が訪れると、仲間を増やさずにはいられなくなる。また、金貨の蓄えがあるすべての人間のもとに、最も効率のよい運用を求めて、好機はや

ってくる。こうして、年を追うごとに、金貨は目をみはるばかりの勢いで膨れあがっていくのだ」

〈黄金法則　その三〉

黄金の扱いに秀でた者の助言に熱心に耳をかたむける持ち主からは、黄金が離れることはないだろう

「まこと、金貨は慎重な持ち主のもとに長くとどまり、迂闊《うかつ》な持ち主からはそそくさと逃げ出す。金貨の扱いに長けた人間に助言を求める者は、財産を危険にさらすことなく、安全に保ち、よどみないその成長を満悦《まんえつ》するようになるのだ」

〈黄金法則　その四〉

自分が理解していない商い、あるいは、黄金の防衛に秀でた者が否定する商いに投資してしまう持ち主からは、黄金は離れていくだろう

「金貨を手にして、されど扱うすべを知らぬ者の目には、さまざまな投資話がぼろい利益

を生みそうに見える。その手の話にはしばしば大損の落とし穴がひそんでいて、賢者がしかるべく分析すれば、儲かる見込みの乏しいことがわかるだろう。さよう、金貨の未熟な持ち主がおのれの判断を信用し、なじみのない事業や用途に投資してしまうと、往々にして、あとからその判断の誤りに気づき、未熟さの代償として財産を差し出す結果となる。金貨の賢明な持ち主は、蓄財に長けた者の助言に従って投資する」

〈黄金法則　その五〉

非現実的な利益を出そうとしたり謀略家の甘い誘惑の言葉にのったり己の未熟な経験を盲信したりする者からは黄金は逃げることになるだろう

「金貨を貯めはじめた者のもとには必ず、冒険談のごとく人の心を躍らせる、現実離れした儲け話が寄ってくる。そういう話はあたかも、財産に魔術をかけて、とてつもない利益をもたらしそうに見える。だが、賢者たちの忠言を心に留めておけ。一攫千金《いっかくせんきん》の儲け話の裏には、常に危険がひそんでいるものだ。

ニネヴェの投資家たちが、元手を失う危険をけっして冒さず、資金を回収できなくなる恐れのある事業にも手を出さなかったことを忘れるな。

これで、五つの黄金法則の物語はおしまいだ。この話をおぬしらに語ることで、わしは自分の成功の秘訣を伝えたことにもなる。

といっても、これは秘訣ではなく真理だ。あそこにいる野犬のような、日々の食いものに頭を悩ませる連中からおぬしらが抜け出したいのなら、必ずこの真理を学び、従うことだ。あす、われわれはバビロンの街に入る。見よ！　ベル神殿の頂《いただき》に、とこしえに燃え盛る神火《しんか》を！　われわれは黄金の都を間近にしている。あす、おぬしらはそれぞれに金貨を、すなわち忠実によく働いて稼いだ金貨を手にするだろう。

今宵から十年ののち、おぬしらはその金貨について何を語れるだろうか。

おぬしらの中にノマジールのごとく、その金貨の一部を使って自力で資産作りを始め、以後アルカドの知恵によって正しく導かれる者があれば、わしは賭けてもいいが、その者は十年後、アルカドの息子のごとく富を手に入れ、人に敬われていることだろう。

われわれの賢い行ないは生涯われわれとともにあり、われわれを喜ばせ、助けてくれる。それと同じくらい確かに、あさはかな行ないはわれわれにつきまとい、絶えず苦しめ、責めさいなむ。よいか、今言ったことを忘れてはならん。われわれにつきまとう苦しみの中で最も耐え難いのは、するべきだったのにしなかったことや、目の前にありながらつかまなかった好機を思い出しては後悔することなのだ。

バビロンには豊かな財産があり、あまりにも豊かなので、金貨にしてどれほどの値打ちになるか、誰も計れない。年々その財産はさらに豊かに、さらに価値あるものに育っている。あらゆる国々が保有する財産と同様に、バビロンの財産とはすなわち報酬であり、それは、おのが正当なる分け前を手にせんと決めた志ある者たちに、惜しみなく与えられる。

おぬしらひとりひとりの願望の強さの中には、魔力が宿っている。五つの黄金法則の知恵に従ってその力を正しく使えば、おぬしらはバビロンの富の分け前にあずかれるだろう」

〈「お金」と「幸せ」を生み出す 五つの黄金法則〉

法則 1

家族と自分の将来のために
収入の十分の一以上を蓄える者の元には、
黄金は自らを膨らませながら、
喜んでやってくるだろう

法則 2

黄金に稼げる勤め先を見つけてやり、
持ち主が群れを膨大に増やす
羊飼いのように賢明ならば
黄金は懸命に働くことだろう

3
法則

黄金の扱いに秀でた者の助言に
熱心に耳をかたむける持ち主からは、
黄金が離れることはないだろう

4
法則

自分が理解していない商い、あるいは、
黄金の防衛に秀でた者が否定する商いに
投資してしまう持ち主からは
黄金は離れていくだろう

5
法則

非現実的な利益を出そうとしたり
謀略家の甘い誘惑の言葉にのったり
己の未熟な経験を盲信したりする者からは
黄金は逃げることになるだろう

第六章

バビロンの金貸し

賢者の助言によって、
貯金が懸命に働きだす

金貨が五十枚！　バビロンの槍《やり》職人ロダンは、こんなに多くの金貨を革の財布に入れて歩いたことなど、今まで一度もなかった。とびきり気前のいい国王陛下の宮殿を出て、公道をうきうきと大股で進んでいく。一歩踏み出すごとに、腰帯にぶら下げた財布が揺れて、金貨がちゃりんちゃりんと陽気な音をたてる。これほどまでに甘美な響きを耳にするのは初めてだった。

金貨が五十枚！　全部、おれのものだ！　ロダンはわが身の幸運をなかなか実感できなかった。財布で鳴っているこの丸いやつには、なんたる力が秘められていることか！　これさえあれば、欲しいものはなんでも買える。豪邸でも、土地でも、牛でも、駱駝でも、馬でも、二輪馬車でも、なんでも望みのままだ。

この金を何に使うべきだろう？　夕暮れどき、ロダンは裏通りに入って妹の家をめざしながら、その燦然《さんぜん》と輝く、ずっしりと重い金貨と引き換えにしたいものを、何ひとつ思いつかなかった。

それから数日後の夕刻、途方に暮れたロダンは、金貸しで、宝石や珍しい織物も商っているマトンの店に入っていった。店内に巧《たく》みに陳列された華やかな品々には目もくれず、店の奥にあるマトンの住まいへ進んでいく。そこでは、優雅な物腰のマトンが敷物の上でくつろぎ、黒人奴隷に給仕をさせながら夕食をとっていた。

「相談がある。どうしたらいいのか、わからなくて」ロダンは両脚を広げてぼんやりと立ち、はだけた革の上着から、毛深い胸をのぞかせていた。

マトンが黄ばんだ細長い顔に愛想のいい笑みを浮かべ、歓迎の意を表する。「どんな軽はずみなことをやらかして、金貸しに助けを求めるはめになったのかね？　賭け事でつきに見放されたか、それともどこぞの豊満なご婦人に引っかかったか？　きみを長年知っているが、今まで一度もわたしに援助を求めて問題を解決しようとしたことはなかったぞ」

「いやいや、そんな話ではない。金を借りに来たわけではないのだ。ぜひとも賢明な助言をもらいたくて」

「なんと、なんと！　これは異《い》なことを。金貸しのところにやってきて、助言を求める者などいようか。わたしは自分の耳にだまされているにちがいない」

「その耳が聞いたとおりだ」

「そんなことがありうるのかね？　あのロダンが、誰より優れた匠《たくみ》の技を誇る槍職人が、マトンのもとへ金貨ではなく、助言を請いに来たというのか。多くの者がわたしから金貨を借りて、愚行の尻ぬぐいをしようとするが、助言などは、とんと欲しがらない。しかし、金貸しのもとには、おおぜいの悩める者が足を運んでくるわけだから、わたし以上に助言者に適した人間がいようか。

夕食をともにしよう、ロダン。今宵はわたしの客となるがいい。アンド！」マトンは黒人奴隷に命じた。「客人に敷物を。わが友、槍職人のロダンが、助言を請いに来てくれた。大事なお客様だ。料理をたっぷりと、それから、いちばん大きな杯《さかずき》をお持ちしろ。上等の旨酒《うまさけ》をよりすぐって、喉《のど》を潤していただくのだ。

さて、相談ごとを聞こうか」

「王からの賜《たまわ》り物のことだ」

「王からの賜り物？　王が何かくださって、それがきみを悩ませているのかね？　どのような賜り物だ？」

「近衛兵《このえへい》用の新しい槍先の図案を献上したところ、王がいたくお気に召して、なんと金貨を五十枚もくださった。そのせいですっかり途方に暮れているのだ。

太陽が天空を横切るあいだ、一時間ごとに、おこぼれを欲しがる知人に泣きつかれるありさまで」

「さもありなん。人は常に持っている以上の黄金を欲し、たやすくそれを手にした者があれば、分け前にあずかりたくなるものだ。しかし、きみは『断る』とは言えないのかね？

きみの意志は、拳《こぶし》ほどには強くないのか？」

「たいていは断れるが、ついつい承知してしまう場合だってある。たったひとりのかわいい妹から無心をされて、断れる者などいるまい？」

「じつの妹ならば、稼ぎを好きに使う権利を、きみから奪おうなどとは思わないはずだ」

「いや、妹の頼みは夫のアラマンのためで、妹はやつに裕福な商人になってほしいのだ。今まで一度も機会に恵まれなかったけれど、わたしに資金を出してもらえれば、夫はきっと成功して、望みどおり大金持ちになり、そうしたら儲けの中からその金を返せる、と言うのさ」

「わが友よ」マトンがふたたび口を開いた。「さても論じる価値のある問題を持ち込んできたものだな。金貨はその持ち主に、責任と、仲間うちでの立場の変化をもたらす。なくしてしまわないか、あるいはだまし取られやしないか、という不安をもたらす。善をなすための力と手立てを得た感覚をもたらす。さらには、善をなそうとするその志ゆえにみずから苦境を招くような機会をもたらすのだ。

ニネヴェに、動物の言葉のわかる農夫がいるが、その話を聞いたことがあるかね？　まあ、きみのような職人が、鋳物の炉を扱いながら言い交わすたぐいの話ではあるまい。これからその話をお聞かせしよう。金の貸し借りとは、単にある者の手から別の者の手へ貸幣が渡るだけの取引ではないことを、きみに知ってもらいたいからだ。

動物の言葉がわかるその農夫は、夜ごと農場をぶらついては動物たちの会話に耳を傾けていた。ある晩、牡牛が驢馬《ろば》を相手に、自分の過酷な境遇を嘆くのが聞こえてきた。『おれは朝から晩まで、鋤《すき》を引いて働いているんだ。どんなに暑い日だろうが、どんなに脚が疲れていようが、どんなにひどく軛《くびき》で首をすりむこうが、休むわけにはいかん。それにひきかえ、きみは優雅なご身分だな。色とりどりの胴掛けで身を飾り、仕事といえばせいぜいご主人を乗せて、行きたいところへ運ぶくらいのものだろう。ご主人が外出しないときは、きみはのんびりと、一日じゅう牧草を食《は》んでいるじゃないか』

驢馬のほうは、足癖は悪いが気のいいたちだったので、牡牛に同情した。『友よ、きみはほんとうによく働いているから、なんとか楽をさせてやりたいな。よし、一日休むためのいい手を教えるよ。朝になって、奴隷がきみを鋤につなごうとしたら、地面に転がって大声で鳴くんだ。そうすれば、奴隷はきみが病気で働けないとご主人に言うだろうよ』

翌朝、牡牛が驢馬の助言のとおりにしたところ、奴隷は農夫のところに戻って、牡牛が病気で鋤を引けないと報告した。

農夫は、『じゃあ、驢馬を鋤につなぐんだ、畑を遊ばせておくわけにはいかんからな』と命じた。

驢馬はただ友だちを助けようと思っただけなのに、その日一日、なぜか牡牛の仕事をやらされるはめになった。夜になって鋤から解放されたときには、心は恨みつらみでいっぱい、脚はへとへと、首は軛ですり切れてひりひり痛んだ。

農夫はその晩も農場に歩いていって、耳を澄ました。

先に牡牛が話しかけた。『きみはよき友だ。きみの賢い助言のおかげで、休日を楽しめたよ』

『こっちはとんだ災難さ』と、驢馬が言い返した。『友だちを助けようなどと、余計な親切心を起こしたばっかりに、代わりに働かされてしまったよ。これからは、ちゃんと自分で鋤を引くんだな。ご主人が奴隷に言っているのを聞いたんだが、またきみが病気になるようなら、肉屋に引き渡せとさ。そうなればいいんだ、きみみたいな怠け者は』それ以来、牡牛と驢馬はひと言も口をきかなくなった。このできごとで、二頭の友情は終わったのだ。この話の教訓がわかるかね、ロダン？」

「おもしろい話だな」ロダンが答えた。「でも、教訓には思い当たらない」

「きみにはぴんと来ないだろうと思っていた。だが、この話には、単純明快な教訓が込められている。それは、友人を助けたいなら、その友人の重荷を肩代わりしない形で助けるべし、というものだ」

「それは見抜けなかった。身にしみる教訓だ。妹の夫の重荷など、引き受けるべきではないということだな。でも、あんたはどうなんだ？　おおぜいの人間に金を貸しているが、貸した金が返ってこないということはないのか？」

マトンの顔に浮かんだのは、豊かな経験を積んだ者の笑みだった。「借り手が返済できないような金を貸すのが、よい貸し付けと呼べるだろうか？　貸し手は知恵を働かせて、慎重な判断を下すべきではないかね？　自分の金貨が借り手に有意義な使われかたをして、もう一度自分のもとに戻ってくるのか、それとも、金貨を賢く扱えない者に浪費されて、貸した資産は失われ、借りた側には返済不能な借金が残ることになるのか……。ここで、きみに質草《しちぐさ》を収めた櫃《ひつ》の中身を見せて、それにまつわる話を聞かせてやろう」

マトンが部屋に持ってきたその櫃は、腕の長さほどの箱で、赤い豚革を張って青銅の飾りをほどこしてあった。マトンは櫃を床に置いて、その前にあぐらをかき、両手をふたにかけた。

「わたしは金を貸す相手から必ず質草を預かって、この櫃にしまい、貸付金が返済されるまで保管する。金が戻れば質草を返すが、戻らなかった場合は、質草を見るたびに、自分の信頼に応えてくれなかった者のことを思い出すのだ。

この櫃が教えてくれるのは、金貸しにとって最も安全な借り手とは、貸し付けの希望額より価値の高い財産を所有している者だということだ。そういう借り手は、もしものとき、土地なり宝石なり駱駝なりを売却して、返済にあてることができる。わたしが預かった質草の中には、貸付金より高価な宝石もいくつかある。また誓約書を交わすこともあって、もし貸付金が返済されない場合は、しかるべき資産が引き渡される取り決めになっている。こういう貸し付けでは、資産が返済能力の底を支えているわけだから、貸付金が利息も含めてしかと戻ってくることが当て込める。

それに次いで安全なのは、金を稼ぐ能力のある借り手だ。きみのように、労働や奉公によって給料を得ている者たちだな。そういう者には定まった収入があるから、本人に誠意があってなおかつ不運に見舞われなければ、貸付金はほぼ確実に、規定の利息付きで戻ってくる。人間の労力が返済能力の底を支えているわけだ。

そのほかに、資産もなく、確たる稼ぎの道もない借り手がいる。世の中はきびしいから、うまく順応できない人たちの層が必ず存在する。そういう人たちにお金を貸すときは、たとえわずかな額であっても、借り手の誠実さを知る友人知己《ちき》から保証を取りつけることにしている。そうしないと、ほかの層の借り手から預かった質草たちが、櫃の中で割を食ったと騒ぎだしかねないからな」

マトンが櫃の留め金を外し、ふたを開けた。ロダンは興味しんしんでのぞき込む。

いちばん上にあったのは、深紅の布を敷いた青銅の襟飾《えり》りだった。マトンは襟飾りを取り出し、いとしげになでた。「この品がずっとここにしまわれることになったのは、持ち主が黄泉《よみ》の国に旅立ったからだ。この質草を、そしてそれにまつわる思い出を、わたしは大切にしている。持ち主はわたしの親友だったのだ。われわれは共同で商いをして大いに潤っていたが、それも、そやつが東方からある女を連れてきて結婚するまでのことだった。女は美しかったが、バビロンの女とはまるで違っていた。まさに妖婦《ようふ》。わが友は妻の欲望を満たすために、湯水のごとく金をつぎ込んだ。ついには金貨を使い果たし、困りきってわたしに会いに来た。わたしは相談に乗った。そして、もう一度生活を立て直す気があるのなら、力を貸そうと言った。そやつは金牛宮《きんぎゅうきゅう》の星にかけて出直しを誓った。だが、そうはならなかった。夫婦げんかの果てに、刺せるものなら刺してみろと啖呵《たんか》を切り、そのとおり、妻の短剣に心臓を貫かれたのだ」

「女房のほうは？」ロダンはきいた。

「うむ、言うまでもなく、この布はそやつの妻から預かった質草だ」マトンが深紅の布を取り出した。「妻は良心の呵責《かしゃく》に耐えきれず、ユーフラテス川に身を投げた。このふたつの貸し付けは、永遠に返済されることはない。この櫃が教えてくれるのはな、ロダン、激情にさいなまれている者たちには安心して金を貸せないということだ。

さて！　話題を替えよう」マトンは、牛骨細工の指輪に手を伸ばした。「これは、ある農夫のものだ。わたしはその農夫の妻たちから敷物を仕入れている。蝗《いなご》の襲来で食糧難に陥ったとき、農夫は金を借りに来て、新たな収穫ののちにその金を返した。しばらくするとその農夫がまたやってきて、旅人から聞いたという、遠い異国の変わった山羊《やぎ》の話をした。その山羊は非常に美しく柔らかな長毛をしているので、その毛を織って敷物にすれば、バビロンに持ち込まれるどんな敷物より美しい品ができる。ところが、その山羊を仕入れようにも、資金がない。それでわたしは、農夫に金貨を貸し付けて、異国まで赴かせ、山羊の群れを連れ帰らせた。もうその山羊の飼育が始まっていて、来年になったらわたしは、今まで運よく入荷しないと買えなかった最高級品の敷物を、バビロンの有力者たちのもとに持参して、驚かせることができるだろう。この指輪も、近々返さなくてはなるまい。わが農夫殿は、金が入ったらすぐ返済すると言っているからな」

「そんなふうにすぐ金を返してくれる借り手もいるのか？」ロダンは尋ねた。

「儲けるための元手を借りに来る人間は、儲かれば返してくれる。だが、軽はずみな行動のせいで借金をこしらえるようなやつは、きみにも警告しておくが、用心しないと、最初から踏み倒す気でいることも多い」

「この品の由来は？」ロダンは、宝石をはめ込んだ珍しい造形の太い金の腕輪を取り出しながらきいた。

「わが友は、女性にまつわる話がお好みらしい」マトンが冷やかした。

「まだ、あんたよりずっと若いんだからな」ロダンは言い返す。

「確かにそうだが、この質草に色っぽい話を期待してもむだだ。これの持ち主はでぶでしわだらけの年増と来ていて、中身のない話をべらべらしゃべりまくるものだから、いつもいらいらさせられる。かつてその女の一家はかなり資産を持っていて、わたしの得意客だったのだが、家運が傾いてしまった。女には息子がひとりいて、その子を商人にしたいと思っている。それで、わたしのところに来て金を借り、息子をある隊商に引き合わせて、共同出資者にした。その隊商は、駱駝の群れを率いて、ある街で仕入れた品を別の街で物々交換していた。

　ところが、この男がじつはくせ者で、ある明けがた、共同出資者の坊やがまだ眠っているあいだに姿を消し、坊やは知人もいない遠い街に無一文で置き去りにされてしまった。まあ、いずれ一人前の商人になったら、金は返してくれるだろうがね。それまでのあいだ、わたしは貸した金の利息も取れず、母親のおしゃべりに付き合わされるばかりだ。だが、たとえ貸し倒れになっても、この腕輪にはそれを埋め合わせるだけの値打ちがある」

「そのご婦人は、借りた金の使い道について、あんたに相談しなかったのか？」

「そんな気があるものか。頭の中にはもう、裕福なバビロンの名士になった息子の姿が、すっかりできあがっていたのさ。逆の結果をにおわせようものなら、怒り狂っただろうよ。わたしは、まあ当然の報いを受けたわけだ。未熟な坊やのために金を貸す危険を承知していながら、母親に高価な質草を差し出されて、断りきれなかったのだからな」

マトンはそれから、「この品は」と言いながら、からげ縄を結んだ束を振った。「ネバトゥールという駱駝商人の質草だ。ネバトゥールが手持ちの資金では足りないほど駱駝を買い付ける際は、わたしのもとにこの縄を持参し、わたしは相手の希望額を貸し付ける。ネバトゥールは賢い商売人だ。その判断力には信頼が置けるから、わたしは迷いもなく金を貸すことができる。バビロンには信頼できる商人が数多くいるが、それは彼らが名誉を大切にするからだ。彼らの質草は、この櫃を頻繁に出入りしている。よい商人はバビロンの宝物であり、彼らを助けて交易を維持し、その結果街が栄えていくのは、わたしにとっても利があることなのだ」

マトンは甲虫《こうちゅう》をかたどったトルコ石を取り出し、軽蔑しきった顔で床に放り投げた。

「エジプトの害虫だ。これを預けた若い男には、借りた金をなんとかして返そうという気持ちがまったくない。わたしが返済を迫ると、『つきがちっとも回ってこないってのに、どうやって金を返せるんだ？　あんた、金なら捨てるほど持ってるだろうに』などと開き直る始末だ。わたしに何ができる？　この質草はそいつの父親のもので、父親はちゃんとした人物だが資産には恵まれず、息子の事業を支援するために土地と家畜を質草にした。この石は、そのしるしだ。息子の事業は当初うまくいっていたが、もっと莫大な富を得ようと欲をかきすぎた。生半可な知識しか持ち合わせていなかったから、事業は結局、破綻した。

若い者は野心満々だ。若い者は一足飛びに、富とその象徴である魅惑的な品々にたどり着きたがる。苦労せず富を手に入れようと、考えもなく金を借りがちだ。若い者は痛い目にあったことがないから、無謀な借金は深い落とし穴のようなものだという現実に目が行かない。たちまちはまり込んで、長いあいだむだにあがくことになりかねないというのにな。そこは悲嘆と後悔の暗い穴底で、昼の明るい光は届かず、夜になっても穏やかな眠りは訪れない。しかし、金を借りるのをやめろと言っているわけではないぞ。それはむしろ奨励したい。賢い目的のためなら、積極的に借金をするべきだ。わたし自身、借りた金を元手にして、商人として最初の成功を手にしたのだから。

とはいえ、こういう場合、金貸しはどうすべきだろうか？　その若い男はやけになっていて、なんの前進も見込めない。望みをくじかれて、金を返そうという気力も失っているのだ。だからといって、父親から土地や牛を取りあげるのは、わたしの気がとがめる」

「興味深い話をいろいろ聞かせてもらったけれど」ロダンがたまりかねたように言う。「わたしの質問には、まだ答えてもらっていない。わたしは金貨五十枚を、妹の夫のアラマンに貸すべきだろうか？　わたしにとっては、大問題なのだ」

「きみの妹さんの高潔な人柄を、わたしは高く買っている。妹さんのご夫君がもしわたしのところに来て、金貨を五十枚貸してくれと言ったら、わたしは、その金で何をするつもりかを尋ねるだろう。

わたしのような商人になって、宝石や高価な調度品を商いたい、とアラマンが答えたとしよう。わたしは『商いのやりかたについて、どんな知識を持っているかね？　どこに行けばいちばん安値で仕入れができるか、知っているかね？　どこに行けば適正な価格で売れるか、知っているかね？』と尋ねるだろう。そういう問いに、アラマンは『はい』と答えられそうかね？」

「いや、無理だな」ロダンは認めた。「アラマンは、わたしの槍作りをよく手伝ってくれているが、商売のほうの経験はあまりない」

「ならば、わたしはアラマンに、きみの借金の目的は賢明ではないと言うだろう。商人は商いのやりかたを身につけなくてはならない。アラマンの野心はりっぱではあるが現実的ではないから、わたしは一シケルたりとも貸しはすまいよ。

だが、アラマンがこう答えたとしよう。『はい、わたしは商人の手伝いをさんざんやってきました。スミルナまで出向いて、主婦たちが織った敷物を安値で仕入れるすべも心得ています。それに、バビロンの金持ちをおおぜい知っていますから、仕入れた敷物に大きな利潤を上乗せして売ることができます』そうしたら、わたしはこう言うだろう。『きみの借金の目的は賢明だし、きみはりっぱな野心を持っている。抵当になるようなものを用意できるなら、喜んで金貨五十枚を貸し付けよう』なのに、アラマンが『抵当はありませんが、わたしは名誉を重んじる男ですから、借りた金はちゃんと利息をつけて返します』と答えたとしよう。それに対しては、こう言うしかない。『金貨の一枚一枚は、わたしの大事な財産だ。もしスミルナへの旅の途中で盗賊に金を奪われたら、あるいはバビロンに戻る途中で敷物を奪われたら、きみには借金を返す手立てがなくなり、わたしは金貨を失うことになる』

金貨とはな、ロダン、金貸しにとっての商品だ。貸すのはたやすいが、もし安易な貸しかたをしたら、取り戻すことはむずかしい。賢い金貸しなら、危なっかしい口約束ではなく、確かな返済の保証を求めるものだ。

苦境にある者に手を差しのべるのもよかろう。悪運に見舞われた者を救い出すのもよかろう。前途ある者の船出を助けて、バビロニアの貴重な人材を育てあげるのもよかろう。

だが、人を助けるなら賢い方法で助けるべきで、くだんの驢馬のごとく、助けたいという願望のあまり、相手の重荷を肩代わりするはめに陥ってはならない。

ふたたびきみの質問から話がそれてしまったが、ロダンよ、わたしの答えはこうだ。五十枚の金貨は、きみの手もとにとどめておけ。きみの労働がきみのために稼ぎ出したもの、きみへの報酬として与えられたものは、きみだけの財産だ。みずからの意志による以外、誰にも分け与える義務はない。もし金貨にもっと金貨を稼がせる目的で人に金を貸すのなら、慎重に、かつ多くの相手に貸すがよい。金貨を遊ばせておくのは好ましいことではないが、多大な危険にさらすのは愚の骨頂だ。

きみは槍職人として働き始めて、どのくらいになる？」

「まる三年だな」

「王に賜った褒美のほかに、いくらの蓄えがある？」

「金貨が三枚」

「働き続けた三年のあいだ、贅沢《ぜいたく》を我慢して、こつこつと年に一枚ずつ蓄えてきたわけだな？」

「言われてみると、そうだ」

「つまり、五十年間働いて、そのあいだ節制を怠らなければ、ようやく金貨五十枚が貯まることになる」

「まるまる一生ぶんということか」

「きみの妹さんは、きみが青銅の坩堝《るつぼ》の前で五十年間働いて貯める額の金貨を、うまくいくかどうかもわからない夫の商売につぎ込ませたいと願うだろうか？」

「そういう金であることを説けば、願わないだろう」

「ならば、妹さんにはこう言うがよい。『わたしは三年間、断食日を除いて毎日朝から晩まで働き、なおかつ多くの物欲を退けてきた。その勤労と自制の見返りとして、年に金貨一枚をやっと蓄えることができるのだ。おまえは大事な妹だし、わたしとしては、おまえの夫が何か仕事を手がけて、その道で大きな成功を収めることを願っている。もしアラマンが、わが友マトンのお眼鏡にかなうような賢明で実現可能な事業計画を示してくれたら、わたしは喜んで一年ぶんの蓄えを貸し付けよう。アラマンは、自分の力を発揮する好機を得ることになる』そう持ちかけておけば、もし成功する見込みのある事業なら、アラマンはそのことを立証できる。もし失敗しても、返済能力を超えるような借金を背負わずにすむ。

わたしが金貸しをしているのは、商いに費やすぶん以上の金貨を持っているからだ。余分な金貨が他人のために働いて、さらなる金貨を稼いできてくれることを願っている。わたし自身、大いに働き、大いに節制して貯めてきた金貨なのだから、失う危険は冒したくない。わたしはもう、信頼の置けない相手、確実な返済を見込めない相手には金を貸さないつもりだ。金貨が生んだ稼ぎをただちに返済に回さないような相手にも、金を貸さないつもりだ。

さて、ロダン、質草の櫃に隠された秘話を、ここまでいくつか語ってきた。きみにも、人間の持つ弱さや、返せるあてのない金を借りたがる悪癖のようなものがのみ込めたことだろう。また、『金さえあれば大儲けできる』という野望が、多くの場合、軽はずみな欲の表われで、それをいだく人間にはしかるべき能力も技量も備わっていないということも、わかっただろう。

ロダン、きみは今金貨を持っているのだから、自分のためにその金貨を働かせるべきだ。これからきみは、わたしと同じ金貸しの立場に立つことになる。もし財産を安全に保っていければ、その財産が潤沢《じゅんたく》な稼ぎを生み出し、豊かな泉となって、生涯にわたる喜びと利益をもたらしてくれるだろう。だが、もし財産をその手から逃がしてしまったら、それは、記憶の続くかぎりとぎれることのない悲しみと後悔の源となるだろう。

財布に入っている金貨について、きみは何をいちばん望むかね？」

「安全に持ち続けることだ」

「賢明な答えだな」マトンは満足げに答えた。「きみのいちばんの望みは、金貨を安全に保持することだ。では、その金貨をアラマンの手にゆだねた場合、望みどおりの安全が保証されると思うかね？」

「残念ながら、そうは思わない。アラマンには、金貨を守る知恵がないからだ」

「ならば、あさはかな義務感に駆られて、財産を他人に託すべきではない。もし家族や友人を助けたいなら、財産を失う危険を冒すのではなくて、別の方法を見つけることだ。金貨を守るすべに長《た》けていない者の手からは、金貨は思いも寄らない形でこぼれ落ちていくということを忘れるな。自分の財産を他人に失わせるぐらいなら、贅沢三昧《ざんまい》で身上《しんしょう》をつぶしたほうがよほどましというものだ。

きみのこの財産について、安全の次には何を望むかね？」

「金貨がもっと金貨を稼いでくれることだな」

「ふたたび利口な答えだ。金貨は金貨を稼いで、もっと大きくなれるように扱われることが好ましい。金貨を賢く貸し付ければ、きみぐらいの年齢の者が老いるまでには、倍にも増えよう。もし金貨を失う危険を冒すなら、その金貨が生む稼ぎまで失う危険を冒すことになるのだ。

だから、実業にうとい者の雲をつかむような計画に乗せられてはならない。連中は、きみの金貨でとてつもない荒稼ぎをしようと、あれこれ思案をめぐらせる。そういう計画はどれも、安全かつ堅実な商いの法則を心得ぬ空想家の頭から生み出されたものだ。金貨の稼ぎへの期待は控えめにするがよい。そうすれば、財産は安全に保たれ、稼ぎも生まれるだろう。高利の約束に踊らされて、損を招いてはならん。

投資や貸し付けは、安定した業績を挙げている人間や事業にのみ行なうようにしろ。そうすれば、きみの財産は巧みに運用されて相応の額を稼ぐだろうし、知恵と経験によって安全に守られるだろう。

まあ、これだけの忠告を頭に入れておけば、天の配剤で大金を手にした人間をつけ狙う不運の数々から、きみは逃れられるはずだ」

ロダンが賢い助言の礼を言おうとすると、マトンはそれを退けるように言った。「王がくださった金貨は、きみにたくさんの知恵を授けるだろう。もし五十枚の金貨を保持できるなら、きみはほんとうに分別のある男だと言える。幾多の使い道が、きみを誘惑するだろう。さまざまな助言が寄せられるだろう。一攫千金《いっかくせんきん》の儲け話が次々と舞い込んでくるだろう。そうしたときには、この質草の櫃がささやく警句に耳を澄ますがよい。財布から一枚の金貨を取り出す前に、それが安全に帰ってくる道筋があることを確かめるのだ。さらなる助言が欲しくなったら、またここに来たまえ。惜しまず与えよう。

帰る前に、わたしが櫃のふたの裏側に刻んだ一文を読みたまえ。借り手にも貸し手にも等しく当てはまる教訓だ」

小さな用心が、大きな後悔を防ぐ

第七章

ザ・ウォール

揺るぎない守りが
安心を生み出す

かつて不屈の戦士として鳴らした老兵バンザールは、バビロンの周壁のてっぺんに続く通路で歩哨《ほしょう》に立っていた。周壁上では、味方の勇士たちが壁を死守すべく戦いを続けている。数十万の民を擁するこの大いなる都の存亡が、勇士たちの双肩にかかっていた。攻撃を続ける敵軍の怒号、あまたの兵の雄叫《おたけ》び、何千頭もの馬が地を踏み鳴らす音、青銅の城門をたたく破壊槌《つち》の、耳を聾《ろう》する轟音が、周壁の向こうから聞こえてくる。

城門の内側の通りを槍兵《そうへい》が歩き回り、城門が破られた際には敵の侵入を阻もうと待機していた。だが、その任にあたるには、人数が少なすぎた。バビロンの主力部隊は王に付き従い、はるか東方へ大遠征に出かけて、エラム人と戦っている。その留守中にバビロンが攻撃されようとは、まったく予想もされておらず、防戦の手勢はいかにも頼りなかった。そこへなんの前ぶれもなく、北方からアッシリア人の強大な軍隊が奇襲をかけてきた。そして今、周壁が死守されねば、バビロンは滅亡する運命にあった。

バンザールのまわりには市民の人波が押し寄せ、おびえて青ざめた顔で、しきりに戦況を知りたがった。そして、戦死者や負傷者が続々と通路から運び出されたり連れ出されたりしているのを、恐怖に息を詰めて見守った。

敵の攻撃は、今や苛烈《かれつ》をきわめていた。敵は、周壁のまわりを三日間偵察したのち、突如、この部分の周壁と城門に軍勢を振り向けてきたのだ。

周壁上にいる味方の兵士たちは、敵の足継ぎ台や攻城ばしごを弓矢と煮えたぎる油で払いのけ、壁に到達した敵兵がいれば槍《やり》で突き刺した。守備兵たちを狙って、何千という敵の射手が矢を雨あられと浴びせてくる。

老兵バンザールは、戦況を知るのに有利な場所にいた。前線のいちばん近くに立っているので、敵軍の猛襲を守備隊が新たに撃退するたびに、まっ先にその音を耳にする。

初老の商人が不自由な両手を震わせながら、バンザールのそばまで寄ってきた。「どうなんだ！　教えてくれ！　敵を絶対に入れてはならん。息子たちは、わが王とともに遠征に出ておる。うちには老妻を守れる者がおらん。敵に家財をそっくり盗まれ、食料も残らず奪われるだろう。わしと妻は年をとりすぎて、自分たちの身を守れず……かといって敵の捕虜にもなれん。わしらは、飢えて死ぬだろう。敵を絶対に入れんと答えてくれ」

「落ち着いてください、商人のかた」バンザールは答えた。「バビロンの周壁は堅牢です。市場に戻って奥さんに、この壁は王の豊かな財宝をお守りするのと同じく、住民のかたがたや皆さんの財産も全部安全に守ってくれると伝えなされ。ああ、壁沿いに歩いてくださいよ。壁を越えてきた矢が当たらないように！」

赤ん坊を抱いた婦人が、立ち去った商人に替わって近づいた。「衛兵さん、戦いはどんな状況ですか？　ありのままに聞かせてくだされば、家で気を揉む夫をなだめられます。夫は重傷を負ったせいで高熱を出して寝込んでいるのに、鎧《よろい》と槍を持ち出して、わたしと子どもを守ると言って聞きません。城門が破られようものなら、敵は残虐非道な復讐の鬼となって街を荒らしまくるだろうと言っています」

「気をしっかりお持ちなさい、あなたはこの子や、次にまた生まれてくる子どもの母親でしょう。バビロンの周壁が、あなたと子どもたちを守ってくれます。周壁は高くそびえ、堅牢です。これを守る勇士たちの雄叫びが聞こえませんか？　壁をよじ登ってくる敵に、大釜いっぱいの煮えたぎる油を浴びせかけているのです」

「ええ、確かに聞こえるけれど、城門に破壊槌を打ちつけるおそろしい音も聞こえます」

「ご亭主のもとへお戻りなさい。城門は堅牢で、破壊槌に屈したりはしないと伝えるのです。たとえ敵が壁をよじ登ってきても、待ち受けていた槍に刺し貫かれるだけだ、と。帰り道は気をつけて、建物の陰を急ぎ足でお歩きなさい」

バンザールは通路のわきに寄って、重装備の援軍に道をあけた。青銅の盾《たて》がぶつかり合う音や重々しい靴音を響かせながら兵士たちが行進していくと、ひとりの小さい女の子がバンザールの腰帯を引っ張った。

「ねえ、教えて、兵隊さん、あたしたちはだいじょうぶなの？　すごい音が聞こえる。みんな血を流してる。とてもこわい。あたしの家族はどうなるの？　お母さんと弟と赤ちゃんは？」

険しい顔をした老兵は目をしばたたき、あごを前に突き出して、女の子をじっと見た。

「心配しなくていいよ、お嬢ちゃん。バビロンの壁が、きみとお母さんと弟と赤ちゃんを守ってくれる。きみたちの安全のために、百年以上も前、聡明なるセミラミス女王が壁を築かれたのだ。今まで、この壁は一度も破られたことがない。おうちに帰って、お母さんと弟と赤ちゃんに、バビロンの壁が守ってくれるからこわがらなくていいと伝えなさい」

来る日も来る日も、老兵バンザールは持ち場に立ち、その目の前を援軍が列をなして進んでいった。兵士たちは壁のてっぺんにとどまって戦い続け、負傷したり戦死したりすると、また通路を降りてきた。バンザールのまわりには、おびえた市民が引きも切らず押し寄せ、周壁が持ちこたえられるかどうかをしきりに知りたがった。バンザールは誰に対しても、老兵らしい威厳に満ちた口調で、「バビロンの周壁があなたがたを守ります」と答えた。

三週間と五日のあいだ、敵はほとんどやむことなく、激しい攻撃を仕掛けてきた。バンザールの口もとが引き締まり、きびしく険しい顔つきになっていく一方で、壁の内側の通路は多数の負傷者の血でぬめりを帯び、そこを兵士たちが途切れることなくのぼっていっては、またよろよろと降りてくるせいで、ついには一帯がぬかるみと化した。日ごと、守備隊に殺された敵兵の死体が、周壁の向こうにうずたかく積み重なった。夜ごと、その死体は敵陣へ運び去られ、同胞の手で葬られた。

四週めに入って五日たった夜に、周壁の外のどよめきがやんだ。やがて曙光《しょこう》が差してきて平原を照らしたとき、もうもうと舞い上がる土煙の向こうに、撤退していく敵軍の姿が見えた。

周壁上の兵士たちから大歓声があがった。声が何を意味するかは明らかだった。壁の内側で待機していた兵士たちが、それを復唱した。路上にいた人々は、こだまを返した。嵐にも似た勢いで、同じ声が街じゅうに広がっていった。

人々が家から飛び出してきた。通りは胸を高鳴らせた群衆で埋め尽くされた。数週間にわたって積もり積もった恐怖を、人々は歓喜の大合唱で発散させた。そびえ立つベル神殿の聖塔の頂《いただき》から、勝利の炎が上がった。空に向かって青い煙の柱が立ちのぼり、彼方《かなた》まで広く朗報を伝えた。

バビロンの周壁はまたしても、その豊かな財宝を略奪し、人々を陵辱《りょうじょく》して奴隷にしようと乗り込んできた強大かつ残忍な敵軍を撃退したのだった。

バビロンが何世紀にもわたって栄え続けたのは、すきなく守られていたからだ。その守りがなければ、生き残れなかっただろう。

バビロンの周壁は、人間が守りを必要とし、守りを欲していることを示す格好の実例だ。それは人類に備わった本能的な欲求だと言っていい。この欲求は少しも衰えることなく現代人にも受け継がれているが、古代からの長い年月のあいだに、同じ目的を達成するためのもっと広範な、もっと効率的な制度が開発されてきた。

不慮の災難はどんな家にも忍び込んできて、どっしり腰を据えてしまいかねないものだが、現代に生きるわたしたちは、保険や預金、堅実な投資などの難攻不落の周壁に守られて、そういう災難を退けることができるのだ。

じゅうぶんな守りなくして、人は生きられない

第八章 奴隷だった男

――己の心は「奴隷」のものか、「自由民」のものか

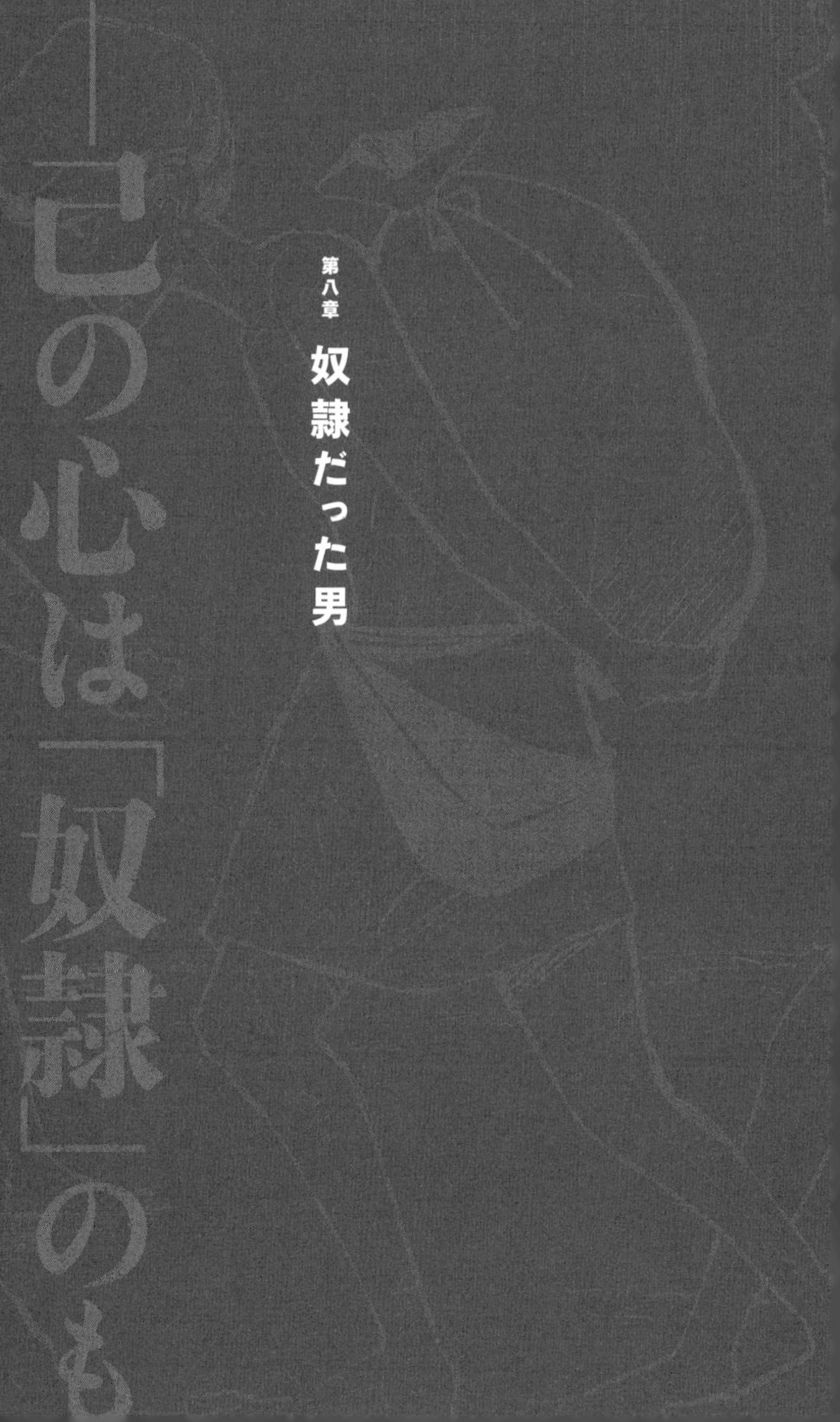

人はおなかが空《す》くと、頭の働きが冴《さ》え、さらに食べもののにおいにも敏感になる。アズールの息子タルカドの頭にあったのは、間違いなく食べもののにおいのほうだった。このまる二日間で口にしたものといえば、とある庭から塀越しにくすねた二個の小さな無花果《いちじく》だけ。三個めをもぎ取る前に、怒り狂った女が家から飛び出し、通りを追いかけてきた。女の金切り声が、市場を歩いている今でもまだ耳の中にきんきん響いている。その耳鳴りのおかげで、売り子のかごからおいしそうな果物をかすめ取ろうとうずうずする指を、なんとか抑えられた。

バビロンの市場にどれほど大量の食べものが運び込まれ、それがどれほどうまそうなにおいがするものか、身をもって感じたのはこれが初めてだった。タルカドは市場を離れ、宿屋のほうへ通りを渡って、そこの食堂の前を行きつ戻りつした。たぶんここにいれば、誰か知り合いに会えるだろう。その誰かから銅貨を一枚借りられたら、無愛想な宿屋の主人も笑みのひとつぐらい浮かべるだろうし、ついでにたっぷり食べさせてくれるだろう。その銅貨なしでは、人並みに扱ってもらえないことはわかりきっている。

うかうかと物思いにふけっていたところ、気がつくと、タルカドはいちばん避けたい相手とばったり顔を合わせていた。背が高く骨張った体つきの駱駝《らくだ》商人、ダバジールだ。小銭を借りた友人や知り合いの中でも、ダバジールは特に気まずい相手で、それはすぐに金を返すという約束を破っていたからだった。

タルカドを見て、ダバジールの表情がぱっと明るくなった。「おお、タルカドじゃないか！ひと月前に貸した銅貨二枚を返してもらおうと、ずっと探してたぞ。たしかその前にも、銀貨を一枚貸したはずだ。いいところで会ったな。きょうはちょうど、その金のうまい使い道がある。どうだ、坊や？　返事はどうした？」

タルカドは口ごもり、顔を赤らめた。胃が空っぽのせいで、ダバジールの饒舌《じょうぜつ》と張り合う気力も湧《わ》いてこない。「すみません、ほんとうにすみません」消え入りそうな声で答えた。「でも、きょうは銅貨も銀貨も持ち合わせがなくて、返せないんです」

「なら、手に入れればいい」ダバジールがきっぱりと言った。「銅貨数枚に銀貨一枚くらい、どこかから持ってきて、返せるだろう。おまえのおやじさんはおれの古い友だちで、だからこそ、おまえが入り用なときには、いつでも気前よく用立ててやってるんだ」

「貧乏神につきまとわれていて、返す余裕がないんです」

「貧乏神だと？　自分の甲斐性《かいしょう》のなさを神様のせいにする気か。返すことより借りることばっかり考えてるから、そんなものにつきまとわれるんだ。いっしょに来て、ちょっと食事に付き合え。おれは腹が減ってるし、おまえに聞かせたい話もあるからな」

その荒っぽいほどの無遠慮さに、タルカドはたじろいだが、形はどうあれ、お目当ての食事に誘われていることは確かだった。

ダバジールはタルカドを食堂の奥の隅へと押しやり、ふたりは小さな敷物に坐った。

店主のカウスコールが愛想笑いを浮かべながら現われると、ダバジールはいつものように気安く話しかけた。「砂漠の太っちょ蜥蜴《とかげ》さんよ、山羊《やぎ》の腿《もも》肉を一人前。こんがり焼きあげて肉汁はたっぷりとな。それに、パンとありったけの野菜をくれ。腹ぺこだから、大盛りで頼む。ここにいる友人のことも忘れるなよ。こいつには、水差し一杯の水だ。冷たくしてやってくれ。きょうは暑いからな」

タルカドはがっかりした。ここに坐って水だけ飲みながら、この男が山羊の腿肉をがっつくところを見ていなくてはいけないのか？　だが、タルカドは何も言わなかった。言えることを何も思いつかなかった。

ダバジールは、一方、黙るということを知らなかった。にこにこと気さくに手を振って、みな知り合いとおぼしきほかの客にあいさつしながら、話を続ける。

「ウルファから戻ったばかりの旅人から聞いた話だが、ある金持ちの男が薄っぺらな石を持ってて、その薄さときたら、向こうが透けて見えるほどらしい。金持ちは自宅の窓にその石をはめて、雨が入らないようにしてる。旅人によれば、それは黄色い石で、持ち主の許しを得て外を透かし見ると、世界がすっかり様変わりして、実際の景色とはまるで違ってたそうだ。この話をどう思う、タルカド？　世界がまるごと色を変えて見えるってことが、あると思うか？」

「あるんでしょうね」タルカドは答えたが、そんな話より、ダバジールの前に置かれたおいしそうな山羊の腿肉のほうがよほど気になった。

「うむ、おれにはよくわかるんだ。おれ自身、世界がまるっきり違う色に見えてた時期があるからな。それがどうやって、またちゃんとした色に見えるようになったかという話を、これから聞かせてやろう」

「ダバジールがなんか話をするらしいぞ」隣りで食事をしていた客が、自分の隣りの客に耳打ちし、ダバジールのほうへ敷物を寄せた。ほかの客たちも自分の食べものを手に集まってきて、ダバジールを半円形に囲んで坐った。がりがりと料理を噛み砕く音がタルカドの耳もとで響き、丸々とした骨つき肉がしきりに体のそばをかすめる。食べものがないのは、タルカドだけだった。ダバジールは肉を分けてくれようともせず、堅パンが割れて、小さな切れ端が皿から床にこぼれ落ちても、拾えという身ぶりさえ示さなかった。

「これから話すのは」と切り出しておいて、ダバジールはひと呼吸置き、山羊の腿肉をがぶりと大きく食いちぎった。「おれの若いころのことと、おれが駱駝商人になったそのいきさつだ。誰か、おれが昔、シリアの奴隷だったことを知ってるやつはいるか?」

聴衆のあいだにざわざわと驚きの声が広がり、ダバジールはその反応にまんざらでもない顔をした。

「若造だったころ」また猛然と肉にかぶりついてから、話を続ける。「おれは、鞍職人《くら》だったおやじのもとで、技を学んだ。おやじの工房で働き、妻をめとった。若くて腕もまだ未熟だから、稼ぎはほんのわずかで、見目うるわしい妻にかつかつの暮らししかさせてやれなかった。贅沢《ぜいたく》品が欲しかったが、とても手が出ない。だがそのうち、商店主たちの信用が得られれば、当座の現金がなくとも、後払いでものが買えるということがわかった。

若くて世間知らずだったおれは、稼ぎより多くを使う人間の末路というものを思い描けなかった。そういうやつは、むだづかいに歯止めがきかなくなって、必ず厄介ごとに足を突っ込み、辱《はずかし》めを受けるのだ。おれは上等の服を衝動買いしたり、妻やわが家のために贅沢品を買いあさったりして、分《ぶん》を超えた暮らしに走った。

払えるぶんだけは払って、しばらくはそれで万事うまくいっていた。だがそのうち、稼いだ金では、生活費にも借金の返済にも足りなくなった。むちゃな買い物のつけを、貸し主たちが取り立てに来て、逃げ回るみじめな日々が始まった。友だち連中から金を借りたが、そっちにも返せなかった。事態はひどくなる一方だった。妻が実家に戻ってしまったのを潮に、バビロンを離れて、若い男がもっと幸運をつかめそうな街を探すことにした。

それから二年のあいだ、あちこちの隊商のもとで働きながら、心安まらず、ぱっとしない日々を送った。ふとしたきっかけで、ある好漢ぞろいの強盗団と親しくなった。武装していない隊商を狙って、砂漠を徘徊する連中だ。そういう所業の片棒をかつぐなど、誉れある職人の息子にはあるまじき行為だったが、当時のおれは、色のついた石を通して世界を見ていたから、自分の堕落ぶりには思いも至らなかった。

初めて参加した強奪がうまくいって、金貨や絹や値の張る商品など、結構な収穫があった。それをギニールの街で売り飛ばして、派手に金を使った。

二度めは、そう順調には運ばなかった。隊商に襲いかかったそのとたん、地元の族長が率いる槍兵隊《そうへいたい》の攻撃を受けた。隊商が雇った護衛部隊だった。こっちの頭目《とうもく》がふたり殺され、残りの者はダマスカスに連れていかれて、服をはぎ取られ、奴隷として売られた。

おれは、砂漠に住むシリア人の族長に、銀貨二枚で買い取られた。髪を刈られ、腰布一枚だけの姿で、見てくれはほかの奴隷たちとあまり変わらなかった。無鉄砲な若造としては、これも冒険のひとつだというぐらいの気持ちだったが、やがて族長がおれを四人の妻に引き合わせ、去勢して下男にでも使うよう命じたときには、そうも言っていられなくなった。

おれはやっと、自分が絶望的な状況に置かれていることを悟った。砂漠の民は獰猛《どうもう》で好戦的だ。武器も逃走手段もない身では、連中の意のままになるしかなかった。

びくつきながら立っているおれを、四人の妻たちが品定めした。おれは妻たちの同情を買えないものかと考えていた。第一夫人のシラは、ほかの妻たちよりも年かさだった。無表情な目でおれを見ている。その態度にほとんど慰めを見出せないまま、おれはシラの前を離れた。第二夫人は傲慢《ごうまん》な顔つきをした美女で、おれに向けた冷淡な目つきは、まるできたならしい虫けらを見るようだった。残るふたりの幼い妻はくすくす笑うばかりで、みだらな冗談でも言われたみたいだった。

立ったまま宣告を待つあいだが、やたらに長く感じられた。どの妻も、ほかの誰かに決めてほしいと言いたげなようすだ。ようやくシラが、冷ややかな声で発言した。

『去勢した下男はおおぜいおりますが、駱駝の世話係は数が少なく、しかも全員役立たずです。きょうも、熱を出して寝込んでいる母を見舞いに行きたいのに、わたしの駱駝を引く役を安心して任せられる奴隷がおりません。この奴隷に、駱駝を引けるかどうか尋ねてみてください』

そこで主人は、おれに質問した。『おまえは駱駝の扱いかたを知っているか？』

飛びつきたい気持ちを懸命に押し隠して、おれは答えた。『ひざまずかせることはできますし、荷を積むこともできますし、疲れ知らずで長旅をさせることもできます。必要なら、装具の修理もできます』

『この奴隷はじゅうぶんやる気があるようだ』主人が評した。『シラ、おまえがそうしたいなら、この男をおまえの駱駝の世話係にするがよい』

というわけで、おれはシラに引き渡され、その日、シラの駱駝を引いて、はるばる病気の母親の家まで出かけた。その機会を利用して、シラの取りなしに礼を述べ、ついでに、自分が生まれながらの奴隷ではなく、自由民の息子で、父はバビロンのまっとうな鞍職人だということも話した。さらに、こうなったいきさつのあらましも語った。それに対するシラの評言は、おれの心をかき乱すもので、このあとも、それを思い返しては大いに頭を悩ませることになる。

『おのれの弱さゆえここまで堕《お》ちた身で、どうして自由民を名乗れるのでしょう？　おのれの内に奴隷の魂を宿す者は、いかなる家門に生まれようと、低きに流れる水のごとく、奴隷となり果てるのではありませぬか？　自由民の魂を宿す者は、たとえ不運に見舞われようと、生まれ育った街で人から敬われ、誉れ高き人間となるのではありませぬか？』

それから一年以上にわたって、おれは奴隷として働き、ほかの奴隷たちと寝食をともにしたが、奴隷の一員になることはできなかった。ある日、シラが『ほかの奴隷たちが仲間どうし付き合って楽しんでいるときに、そなたはなにゆえ、いつもひとりで自分の天幕にいるのですか?』と尋ねてきた。

おれはその問いに、『あなたのおっしゃったことを、よくよく頭にめぐらせているのです。この胸に宿っているのは奴隷の魂だろうかと自問しています。奴隷の仲間に加わる気がないので、孤立するほかはありません』と答えた。

『わたくしもまた、孤立を選んだ身です』シラが打ち明けた。『夫は莫大な持参金を目当てに、わたくしをめとりました。けれど、わたくしを女として求めてはくれませぬ。女なら誰しも、求められることを願うものです。わたくしはそのうえ息子も娘もいない身ですから、孤立するほかはないのです。わたくしが男なら、このような奴隷同然の身に甘んじるより死を選ぶでしょうが、わが部族の因習が、女を奴隷におとしめてしまいます』

『今のわたしを、どう思われますか?』おれは出し抜けにきいた。『わたしには自由民の魂が宿っているでしょうか? それとも、奴隷の魂のままでしょうか?』

『そなたは、バビロンで負った正当なる債務を果たしたいと願っていますか?』シラは質問をかわした。

『はい、果たしたいのですが、そのすべがわかりません』

『もしそなたが返済の努力もせず、何年ものうのうと過ごすのであれば、卑しむべき奴隷の魂を宿していることになりましょう。おのれを敬えぬ者は奴隷以外の何者でもなく、また純然たる債務を果たさぬ者がおのれを敬えるはずもありませぬ』

『ですが、シリアの奴隷の身で、わたしに何ができるでしょう？』

『シリアの奴隷で終わるなら、そなたは腰抜けです』

『わたしは腰抜けなんかじゃありません』おれはかっとなって言い返した。

『ならば、証《あかし》を立てなさい』

『どうやって？』

『バビロンの偉大なる王は、あたうかぎりの手立てを講じて、また持てるかぎりの力をふるって、敵と戦うのではありませぬか？　そなたの負債は、そなたの敵です。負債がそなたをバビロンから追い出したのです。そなたが負債を野放しにしたせいで、負債は手に負えぬほどの敵に育ったのです。そなたが男らしく戦っていたら、負債に打ち勝って、バビロンの誉れ高き男のひとりになれたでしょうに。けれど、戦う魂を持たなかったばかりに、ごらんなさい、そなたの誇りは土にまみれ、今やシリアの奴隷となり果てました』

容赦のないその告発の言葉を、おれは何度も頭にめぐらせ、自分が根っからの奴隷でないことを証《あか》す言い訳をいくつもこしらえたが、それをシラに伝える機会は訪れなかった。

三日後、侍女に呼ばれて、おれはシラのもとに赴いた。

『また母がひどく体調を崩しています』シラが言った。『旦那様の駱駝の中から、いちばんよい二頭を選んで鞍をつけなさい。長旅に備えて、革水筒と鞍袋をくくりつけるように。厨《くりや》に使っている天幕で、侍女がそなたに食料を渡します』おれは駱駝に荷を積みながら、侍女に渡された食料のあまりの多さに首をひねった。シラの母親は、駱駝で一日もかからない場所に住んでいるのだ。侍女が片方の駱駝に乗ってシラに付き従い、おれはシラの乗った駱駝を引いた。ちょうど日が落ちたころに、シラの母親の家に着いた。シラは侍女を下がらせると、おれにこう言った。

『ダバジール、そなたの胸に宿っているのは、自由民の魂ですか？　それとも、奴隷の魂ですか？』

『自由民の魂です』おれはきっぱりと言った。

『ならば、今がそれを証すときです。旦那様は泥酔し、ほかの族長たちも酔いつぶれています。このすきに、駱駝を連れてお逃げなさい。この袋に旦那様の服が入っているから、変装するといいでしょう。わたくしが病気の母を見舞っているあいだに、そなたが駱駝を盗んで逃げたと言ってやるから』

『あなたは気高い女王の魂をお持ちです』おれは言った。『ぜひともあなたを、幸せな暮らしへとお連れしたい』

『夫のもとを出て、遠い国でよそ者となって幸せな暮らしを求める女に、幸せが待っているはずがありませぬ。そなたはそなたの道をお進みなさい。砂漠の神々のご加護がありますように。道は遠く、食料も水も乏しいのですから』

それ以上せきたてられるまでもなく、おれはシラに心から礼を言って、夜の闇へと逃げた。不案内な異国の地で、バビロンの方角はおぼろげにしかわからなかったが、度胸を据え、丘陵地帯をめざして、砂漠を突っ切っていった。片方の駱駝に乗り、もう片方を引きながら進んだ。その晩はずっと旅を続け、翌日もひたすら先を急いだ。主人の財産を盗んで逃亡した奴隷が、どんな恐ろしい目にあわされるかを知っていたからだ。

午後遅く、砂漠と同じぐらい人を寄せつけない荒野にたどり着いた。とがった岩が、忠実な駱駝たちの足を傷つけ、そのうち駱駝たちは歩をゆるめて、のろのろと痛々しく進むようになった。人間にもけものにも出会わず、おれは、生きとし生けるものたちがこの荒涼とした大地を避けるその理由を、体で理解しつつあった。

そこからの旅といったら、こうして生きて語っているのが不思議なほどのものだった。来る日も来る日も、おれと二頭の駱駝はじりじりと歩を進めた。食料も水も尽きてしまった。灼熱《しゃくねつ》の太陽が、容赦なく照りつけた。九日めの終わりに、駱駝の背からずり落ちながら、おれは、自分が衰弱しきっていて、落ちたら二度と駱駝にはまたがれないだろうと感じていた。この見捨てられた土地で、誰にも看取《みと》られずに死んでいくのだ。

おればばったりと地面に倒れて眠り込み、目覚めたのは朝日が差しかけてからだった。起き上がって、あたりを見回した。朝の空気はひんやりとしていた。駱駝たちはそう遠くない場所に、ぐったりと横たわっている。荒涼たる大地が果てしなく広がり、一帯は岩や砂、とげだらけの植物に覆われて、水が湧いている気配はなく、人や駱駝が食べるものも見当たらなかった。

もしかして、おれはこの安らかな静寂の中で、臨終を迎えているのだろうか？　おれの頭は、かつてないほど冴えわたっていた。肉体がほとんど価値を失ってしまったように思えた。ひび割れて血のにじんだ唇からも、乾いて腫れあがった舌からも、空っぽの胃からも、前の日に感じていた極度の苦痛がすべて消え去っていた。

行き着けそうにもない遠い彼方《かなた》を眺めていると、もう一度あの問いが浮かんできた。『わたしには自由民の魂が宿っているでしょうか？　それとも、奴隷の魂のままでしょうか？』そのとき、おれは冴えわたった頭の中で、もし自分が奴隷の魂の持ち主なら、ここであきらめ、砂漠に倒れ伏して死ぬはずだと悟った。それは、遁走《とんそう》した奴隷にふさわしい最期だ。

だが、もしおれが自由民の魂の持ち主なら、どうするだろうか？　きっとなにがなんでもバビロンに戻って、自分を信用してくれた人に借金を返済し、自分を心から愛してくれた妻を幸せにし、両親に平穏な生活と心の安らぎをもたらすだろう。

『そなたの負債は、そなたの敵です。負債がそなたをバビロンから追い出したのです』と、シラは言った。そう、確かにそうだ。どうしておれは、男らしく自分の居場所に踏みとどまらなかったのか？　どうしておれは、妻をみすみす実家に帰らせたのか？

と、不思議なことが起こった。まわりの世界のすべてが違う色合いを帯びてきて、まるで今まで色石を透かして眺めていたのに、突如その石が取り払われたかのようだった。おれはとうとう、人生でほんとうに価値のあるものを目にしたのだ。

砂漠で野垂れ死ぬだと！　冗談じゃない！　新しい視野には、自分のやるべきことが映っていた。まずバビロンに戻り、果たしていない債務の相手にひとりひとり会おう。そして、こう告げるのだ。放浪と不運の歳月を経て、こうして戻ってきたからには、神々がお許しになるかぎり早急に借金を返すつもりだ、と。しかるのちに、居を定めて妻を呼び戻し、両親が誇りに思うようなバビロン市民となろう。

おれの負債はおれの敵だったが、金を貸してくれた相手はおれの友だった。おれという人間を信じ、おれの返済能力を信じてくれたのだから。

おれは弱々しくよろめきながら立ち上がった。空腹がなんだ。喉《のど》の渇きがなんだ。それもこれも、バビロンへの道の途上にある標《しるべ》にすぎない。おれの中に自由民の魂が満ちてきて、バビロンに戻って敵を打ち破ることを、友人たちに報いることを求めていた。おれはその大いなる決心に打ち震えた。

おれのかすれた声に宿った新たな響きに、駱駝たちはよどんだ目を輝かせた。力を振りしぼり、何度も試みたのちに、ついに立ち上がる。痛々しいほどの粘り強さで、駱駝たちは北へ北へと進み続けた。おれの中の何かが、その方角にバビロンがあると告げていた。

おれたちは水源に行き当たった。今までより肥沃《ひよく》な土地に入り、青草や果樹が生えている。バビロンへの道を見つけたのだ。自由民の魂はこのように、人生を解決すべき難問の連続だととらえ、その難問を解決していく。かたや奴隷の魂は、『しがない奴隷の身で何ができるというのか』と泣き言をくり返すばかりだ。

おまえはどうだ、タルカド？　おまえの空っぽの胃は、おまえの頭脳をすっきりと冴えわたらせているか？　自尊心を取り戻す道を歩もうという気はあるか？　世界がほんとうの色で見えているか？　背負ってしまった借金を、どんなに多額だろうと返済して、もう一度バビロンで敬われる男になりたいと望んでいるか？」

タルカドの目が潤んだ。身を乗り出すように、膝立ちになる。「あなたはわたしに、あるべき未来を見せてくれました。すでにこの胸に、自由民の魂が満ちてきているのを感じます」

「だが、借金を返す金は、どうやって作るのかね?」興味を抱いた客のひとりがきいた。

「決意あるところに、道は開ける」ダバジールが答えた。「おれはそうやって決意を固め、今度は手だてを探し始めた。最初に、債権者をひとりひとり訪ね、返済ぶんを稼げるまでしばらく待ってくれるよう頼み込んだ。ほとんどの友人は、喜んで会ってくれた。おれをなじる者もいたが、力を貸すと言ってくれる者もいた。そのうちのひとりは、おれがまさに必要としていた助力を与えてくれた。それが、金貸しのマトンだ。マトンは、おれがシリアで駱駝の世話係をしていたことを知ると、おれを駱駝商人のネバトゥール老のもとへ送り込んだ。ちょうどそのころ、ネバトゥールはわれらが賢王より、大遠征に使う頑健な駱駝を多数調達せよとの命を受けたばかりだった。おれはネバトゥールのもとで、駱駝に関する知識をいかんなく発揮した。そして少しずつ、借りた銅貨や銀貨を返せるようになった。そこでようやく、おれは胸を張って、誉れ高き男の気分を味わえたというわけだ」

ダバジールはふたたび食卓に向き合った。「カウスコール、このうすのろめ」厨房《ちゅうぼう》まで届くような大声で言う。「料理が冷めているぞ。焼きあげたばかりの肉を、もっと持ってこい。それから、タルカドにも特大の肉をな。旧友の息子が腹を空かしていて、おれと食事をともにしようというんだから」

こうして、古代バビロンの駱駝商人ダバジールの物語は終わった。大いなる真理を悟ったときに、ダバジールは自分の魂を見つけた。その真理はダバジールが生きた時代よりもはるか昔から、賢明な者たちのあいだで知られ、活用されていた。

それはあらゆる時代の人々を難題から救い、成功へと導いてきた真理であり、これからもまた、その神秘の力を理解する知恵を持った者たちに、同じ恩恵を施《ほどこ》し続けるだろう。次の教訓を読む者は誰しも、この真理を実践する資格を持つ。

決意あるところに、道は開ける

第九章
伝承

はるか昔の借金返済記録が現代人を救う

ヒッラ（メソポタミア）英国学術調査隊気付

フランクリン・コールドウェル教授殿

拝啓　貴殿が過日バビロンの遺跡にて発掘された五枚の粘土板が、貴殿のお手紙と同じ船便で到着しました。小生はすっかり粘土板の虜《とりこ》となり、文書の翻訳作業にかかった長い時間を、心楽しく過ごしました。ただちに返信を差し上げるべきところ、同封した翻訳を終えるまで保留にしたしだいです。

いずれの粘土板も、貴殿の格段のご配慮により、ていねいに保存処理を施《ほどこ》され、厳重に梱包されて、損傷なく到着いたしました。

貴殿も粘土板が語る物語をお読みになれば、研究室のわれわれと同じく驚嘆されることでしょう。人は遠くおぼろな過去に、『千夜一夜物語』のような恋と冒険の秘話を期待するものです。この粘土板からは、そういう話ではなく、ダバジールなる人物がかかえていた借金の清算という難題が明らかになるので、人はいにしえの世界の状況が、五千年の時を経ても思ったほど変化していないことを知らされます。

まことに奇異なことながら、この古代の文書は、学生諸君の言を借りれば、小生に〝活《かっ》〟

を入れる内容となっています。小生は大学教授という立場柄《がら》、たいていの事柄について実用的な知識を備えた思慮深い人間だと思われています。ところが、砂塵《さじん》に埋もれしバビロンの遺跡より現われいでたこのダバジールというにしえのご仁は、小生が聞いたこともない金策のすべを提示しており、それに従えば、小生は債務をみごと弁済し、なおかつ財布を金貨でうならせることができるようなのです。

その金策がいにしえのバビロンと同様、現代にも通用するか否かを検証するのは、なんとも興味深い思いつきと言えましょう。妻と小生は、ダバジールのもくろみを自分たち自身の問題に適用して、事態の大幅なる改善を図ろうと考えています。

貴殿がこのたびの貴《とうと》い任務において、至上の幸運に恵まれるよう念じるとともに、またお手伝いできる機会を心よりお待ちしております。

敬具

一九三四年十月二十一日

ノッティンガムシャー州ニューアーク・オン・トレント
ノッティンガム大学・聖スウィジン・カレッジ考古学部
アルフレッド・H・シュルーズベリ

〈第一の粘土板〉

わたしことダバジールは、シリアで奴隷となったのち、ある決意を胸に先ごろ帰還した。あまたの借金をまず完済し、生まれ故郷のバビロンにおいて、財を備えた敬服に値する男となるべく、月満ちたきょう、この粘土板に一身上の問題について永久不変の記録を刻みつけ、これをみずからを導き助けるよすがとしつつ、高き望みを果たすものとする。

わがよき友、金貸しマトンの賢明なる助言のもと、わたしはある具体的なもくろみを実践しようと決意した。このもくろみは、高潔なる者を負債の沼から財と自尊心の岸へと引き上げるものであるという。

もくろみは三つの目標から成り、その三つをわたしは胸に期し、かつ欲する。

このもくろみが第一にめざすのは、わたしが将来富み栄えることである。

そのために、わたしの稼ぎの十分の一が、おのれのぶんとして手もとに取りのけられなくてはならない。マトンがいみじくもこう語っている。

「差し迫った使途のない金貨と銀貨を財布の中に持つ者は、よき家長であり、王のよき臣《しん》下《か》である。

わずかな銅貨しか持たぬ者は、家族に敬われず、王にも重用されない。

しかし、財布の中に何も持たぬ者は、心が苦しみに覆われているがゆえに、家族に割《さ》く温情なく、王に向ける忠誠心もなし。

したがって、志を果たしたいと願う者は必ず、財布に銭の音を響かせ、心には家族への慈《いつく》しみと王への崇敬《すうけい》の念を抱くよう努めるべし」

このもくろみが第二にめざすのは、操《みさお》を尽くして実家から戻ってきた妻を、不自由なく暮らさせ、着飾らせることである。マトンによれば、誠実な妻の面倒をよく見ることで、男の胸には自尊心が植えつけられ、目標へ進んでいく力と決意が増すという。

それゆえ、稼ぎの十分の七で、必需品と衣服と食べものをあがない、少し余った金で、夫婦の暮らしに喜びと楽しみが欠けないようにする。しかし、マトンはさらに、最大の注意事項として、それら意義ある用途にも稼ぎの十分の七以上の金を費やすべからず、と釘《くぎ》を刺す。もくろみの成否は、この一点にかかっているのだ。わたしはみずから定めた枠の中で生活し、けっしてそれ以上使ったり、枠内でまかなえないものを買ったりしないと誓う。

〈第三の粘土板〉

このもくろみが第三にめざすのは、稼ぎの中から借金の返済を行なうことである。

それゆえ、月が満ちるごとに、稼いだ金の十分の二をまっとうかつ公平に分割し、わたしを信用して金を貸してくれた者たちに渡すものとする。こうすれば、わたしの負債はいずれ確実に完済されるだろう。

心覚えのために、債権者全員の名前と、うそいつわりのない債務の額をここに刻みつけておく。

機織り職人ファフル、銀貨二枚と銅貨六枚
長椅子職人シンジャル、銀貨一枚
わが友アフマル、銀貨三枚と銅貨一枚
わが友ザンカル、銀貨四枚と銅貨七枚
わが友アスカミル、銀貨一枚と銅貨三枚
宝石職人ハリンスィル、銀貨六枚と銅貨二枚
父の友人ディアルベケル、銀貨四枚と銅貨一枚
家主アルカハド、銀貨十四枚
金貸しマトン、銀貨九枚
農夫ビレジク、銀貨一枚と銅貨七枚
(以下は粘土板の破損のため、判読不能)

〈第三の粘土板〉

ここに記した債権者に対し、わたしは銀貨計百十九枚と銅貨計百四十一枚の債務を負っている。これだけの額の借金をかかえて、返せるめどが立たなかったものだから、愚かなわたしは、みすみす妻を実家に帰らせ、よそでひと山当てようと生まれ故郷の街を離れて、そのあげく災厄に見舞われ、身を売られて奴隷に成り下がったのだった。

今はマトンの導きで、稼ぎから少額の金を取り分けて返済にあてるすべを知ったので、贅沢三昧《ぜいたくざんまい》の招いた結果から逃走した自分の行為は、まさに愚の骨頂だったと身にしみて悟っている。

そこで、わたしは債権者たちをひとりひとり訪ね、みずから稼ぎ出す以外に債務を果たすすべがないこと、また稼ぎの十分の二を偏りなく正直に返済にあてるつもりであることを説明した。それがわたしに払える精いっぱいの額だ。だから、辛抱強く待ってもらえれば、わたしはいつか全額を返済することができる。

親友だと思っていたアフマルは、その説明に腹を立て、罵詈雑言《ばりぞうごん》でわたしを辱《はずかし》めた。農夫のビレジクには、ひどく金に窮しているから、自分にいちばん先に払ってほしいと泣きつかれた。家主のアルカハドには、わたしの返済法を納得してもらえず、すぐに耳をそろえて返さないとただでは置かないと脅しをかけられた。

残りの者たちはみんな、わたしの申し出を快諾してくれた。だから、わたしは、正当なる借金から逃げ回るよりも全額返すほうが容易だという確信のもと、もくろみを遂げる決意をいっそう強くした。一部の債権者の入り用や要求には添えないものの、すべての債務を等しく果たしていきたいと願っている。

〈第四の粘土板〉

ふたたび月が満ちた。わたしは心も軽く、懸命に働いた。最愛の妻は、なんとしても債務を果たすというわたしの意向を支えてくれた。賢明なる決意を糧《かて》にして、わたしはこのひと月のあいだに、駱駝《らくだ》商人ネバトゥールのため、丈夫な肺と頑健な脚を持つ駱駝を数頭仕入れ、銀貨十九枚を稼いだ。

その稼ぎを、もくろみのとおりに分割した。十分の一を蓄えとして取りのけ、十分の七を妻と分け合って生活費にあてた。十分の二は銅貨に崩して、できるかぎり均等に債権者たちに配分した。

アフマルには直接会わず、アフマルの妻に金を預けた。ビレジクは喜びのあまり、わたしの手に口づけをせんばかりだった。アルカハド老だけはむっつりした顔で、残りも早く返すようにと言った。それに対しては、じゅうぶん栄養をとって心安らかでいることを許してもらうしか、早く返済する道はないのだと答えた。ほかの債権者たちはみんな、わたしに礼を言い、わたしの努力を認めてくれた。

ひと月を経た時点で、負債がおよそ銀貨四枚ぶん減り、その一方、およそ銀貨二枚が手もとに残った。この二枚についてはほかの誰も権利を主張できない。これまでの長い年月に比べると、わたしの気持ちは楽になっている。

みたび月が満ちた。わたしは懸命に働いたが、実入りは乏しかった。わずかな数の駱駝しか仕入れることができなかったからだ。今月の稼ぎは、銀貨十一枚きり。それでも、最愛の妻とわたしは、新しい衣《きぬ》を買わず、香草のほかはわずかな食べものしか口にせず、もくろみを守り通した。今月もまた、銀貨十一枚のうち十分の一を蓄えに取りのけ、十分の七で生活したのだ。意外だったのはアフマルの反応で、額が少なかったのに、返済したことを褒めてくれた。ビレジクも同様だった。アルカハドは激怒したが、いやなら戻してくれとわたしが言うと、しぶしぶ受け取った。ほかの者たちは前月と同様、払えるぶんでよしとしてくれた。

そしてまた月が満ち、気持ちは大いに華やいでいる。質のいい駱駝の群れをいち早く押さえ、頑健な駱駝を多数仕入れたので、稼ぎは銀貨四十二枚となった。今月、妻とわたしは、ずっと欲しかったサンダルと衣を購入した。羊や鶏の肉も心ゆくまで食べた。

わたしたちは銀貨八枚以上を債権者たちに返した。アルカハドでさえ、異議を唱えなかった。

このもくろみのすばらしさは、負債を着実に減らしながら、自分たちのものとなる富のいしずえを築いていけるところだ。

さて、わたしが最後にこの粘土板を刻んでから、月が三度満ちた。どの月も、わたしは稼ぎの十分の一を手もとに取りのけた。どの月も、妻とわたしは、時折苦しい思いをしつつ、稼ぎの十分の七で生活した。どの月も、債権者たちに稼ぎの十分の二を支払った。

わたしは今、財布に二十一枚の銀貨を持っていて、それは全部自分のものだ。そのおかげで、わたしは胸を張って友人たちのあいだを歩くことができる。

わたしの妻はしっかり家庭を守り、似合いの長衣《ながぎぬ》をまとっている。わたしたちは幸せに連れ添っている。

このもくろみには、口では言い表わせない価値がある。元奴隷を誉れ高き男に生まれ変わらせるような価値が。

〈第五の粘土板〉

また月が満ち、思い返してみると、最後に粘土板を刻んでからだいぶ経ってしまった。月が十二回、満ちては欠けている。しかし、きょうのこの日、最後の債務をついに返済したとなれば、書きとどめずにはおれまい。きょうこそは、妻とわたしが盛大なる感謝の宴《うたげ》を催し、決意がみごと貫かれたことを祝うべき日だ。

債権者たちへの最後の訪問に際して起こった多くのことを、わたしは生涯忘れないだろう。アフマルはみずからの心ない言葉を恥じて、わたしに許しを乞い、あらためて終生の友情を誓った。

アルカハド老も、じつのところそう気むずかしい人物ではなく、こう言ってくれた。「貴公はかつて、柔らかな粘土のごとく、触れてくる他人の手によっていかようにも押しつぶされ、形を変えられてしまう人間だった。しかし、今の貴公は青銅のごとく、おのが姿形をしっかり保っている。もし銀貨や金貨が必要なら、いつでもわたしのもとへ来るがよい」

わたしを高く評価してくれたのは、アルカハドだけではなかった。多くの相手が、丁重な対応を示した。わが最愛の妻のわたしを見る目には光が宿り、その光は男に自信を抱かせずにはおかない。

とはいえ、わたしを成功に導いてくれたのは、かのもくろみである。そのおかげで、わたしは債務をまっとうし、かつ財布の中で金貨と銀貨を鳴り響かせることができるようになった。立身出世を望むすべての者に、わたしはこれを推奨したい。元奴隷を借金の軛《くびき》から解き放ち、さらにはその財布を黄金で満たしてくれたもくろみが、進取をめざす有志の助けとならないはずがない。わたし自身もまだ、実践を終えたわけではなく、この先も導きに従い続ければ、他にぬきんでた富を築いていけるものと確信している。

ヒッラ（メソポタミア）英国学術調査隊気付

フランクリン・コールドウェル教授殿

拝啓　バビロンの遺跡におけるさらなる発掘作業において、貴殿がもし、かつての住人であるいにしえの駱駝商人ダバジールの霊に遭遇されましたら、お伝え願いたいことがあります。はるか昔、大兄がかの粘土板に書きとどめられた訓話に対し、現代イングランドの大学に勤める一夫婦より終生の感謝をささげさせていただきたい、と。

貴殿もご記憶のことでしょうが、小生は二年前の手紙に、債務を弁済し、なおかつ財布を金貨でうならせるためのもくろみを、妻とふたりで試してみるつもりだと記しました。妻と小生が友人諸氏に伏せておこうと努めた深刻な窮状を、貴殿はお察しになったかもしれません。

小生ら夫婦は何年にもわたって、以前こしらえた多額の借金のせいで恐ろしいまでの辱めを受けており、もしや小売商の誰かに悪評を広められて、大学から追い出されるはめになりはしないかと恐怖にさいなまれていました。小生らは——収入から一シリングでも多くひねり出して——返済に返済を重ねましたが、債務をなくすにはとても足りませんでした。そのうえ買い物の際には、たとえほかの店より高くつこうと、さらなるつけのきく店で買わざるをえませんでした。

お定まりの悪循環で、事態は改善されるどころか泥沼の様相を呈してきました。苦しい闘いに、勝ち目は薄くなるばかりです。大家に借金があったので、もっと家賃の安い部屋に引っ越すこともできませんでした。打開策など、もはやどこにも存在しないように思えました。

そこへ、貴殿もご存じ、いにしえのバビロンの駱駝商人があるもくろみを携えて登場し、そのもくろみこそは、小生らの願望をかなえるものだったのです。かの駱駝商人はじつに巧《たく》みに小生らを奮起させ、みずからの流儀に従わせました。妻と小生は債務の一覧表を作り、小生はそれを持って、債権者全員に見せて回ったのです。

小生は、目下の状況では、すべての債務を果たすのがまったく不可能であることを告白しました。表に書かれた数字を見て、債権者たちもすぐに納得したようです。そのあと、小生はただひとつ可能な完済への手立てとして、月々収入の二割を充当し、債権額に応じてそれを案分し返済していけば、二年と少しで全額払い終えることができると説明しました。そしてそのあいだ、妻と小生はつけに頼らず、債権者たちの店で現金で買い物をして、さらなる利得を与えるつもりであることも付け加えました。

債権者たちの受け止めかたは、きわめて寛大でした。長老格の青物商が、小生のもくろみをわかりやすく言い換えてくれました。「必ず現金で買い物をして、そのうえで借金を少しずつ返すというのなら、あんたがこれまでやってきたことよりはましだ。あんたはこの三年というもの、まったくつけを払っていないんだからな」

小生はなんとか全員の了解を取りつけ、妻と小生が収入の二割を月々きちんと返済にあてているかぎりは催促しないと約束してもらいました。それから、妻とふたり、収入の七割で暮らす計画を頭にめぐらせました。収入の残る一割は手もとに取りのけ、いずれ財布で鳴り響かせようと決意しました。銀貨が貯まる、もしかすると金貨まで貯まると想像すると、胸が躍りました。

生活のしかたを変えるのは、冒険の旅に出るようなものでした。稼ぎの七割以内で快適に暮らすため、妻と小生はあの手この手の工夫を楽しみました。まず家賃の交渉から始め、かなり値下げしてもらいました。続いて、紅茶などの嗜好品《しこうひん》についても、節約の手立てを講じたところ、上質な品を今までより安く買える場合が多いことを知って、うれしい驚きを味わいました。

いろいろありすぎて、一通の手紙にはとても書ききれませんが、とにかくもくろみを実践するのはむずかしくないことがわかりました。妻とわたしは、前向きに難関を乗り越えていきました。暮らしがここまで安定して、もう過去のつけに悩まされずにすむのが、どんなにありがたかったことでしょう。

しかし、ここでぜひともお伝えしておかないといけないのは、財布で鳴り響くことになっていた収入の残る一割のことです。じつのところ、しばらくは鳴っていました。いや、早まって笑わないでください。これは、ひとつの妙味というものです。蓄えができ始めると、それがほんとうにうれしくて、使う気がなくなってきます。余った金を貯めていくほうが、何かを買うよりよほど楽しいのです。

妻と小生は、金を鳴り響かせて心を満たしたあと、それをもっと速く増やせる方法を見つけました。毎月その一割の金でできる投資を始めたのです。生活を立て直していく過程において、この投資が最も心を豊かにする営みとなりつつあります。給料を受け取ると、まっ先に投資用の口座に入金します。

投資した金が着実に育っていると思うと、この上なくありがたい安心感を覚えます。小生が教職を離れるころまでには相当な額に増え、退職後はそのじゅうぶんに育った収入源が、妻と小生の生活を支えてくれるでしょう。

これらすべてのことが、以前と同じ給料で実現しています。信じがたいことですが、まぎれもない事実です。負債が少しずつ減っていくその一方で、投資した金は増えています。そのうえ、家計のやりくりもうまく行っていて、以前より楽なくらいです。財務計画に従った場合と、あてどなく流されていった場合とで、これほど結果に差が出ようとは、誰が信じるでしょうか。

来年の終わりには、過去の借金を全額返してしまえるはずなので、投資に回す金をもっと増やし、さらに余ったぶんで旅行をするつもりです。生活費がふたたび収入の七割を超えることは、けっして許すまいと決めています。

なぜ妻と小生が古代の駱駝商人に対して、個人的に礼を述べたいと思っているのか、これでおわかりになるでしょう。ダバジールのもくろみのおかげで、〝生き地獄〟から救われたからです。

かのご仁もその〝生き地獄〟を味わい、切り抜けたのです。そして、自分の苦い経験がほかの人々の糧になればと考えたのでしょう、長い時間を費やして、訓話を粘土板に刻んだのです。それは、金銭問題で苦しむ同胞に贈るほんものの教えであり、あまりに重要な教えであるがゆえに、五千年の時を経てバビロンの遺跡から地上に姿を現わしました。その教えはかつて砂塵に埋まっていた時代と少しも変わることなく、今なお真理であり、なくてはならないものなのです。

敬具

一九三六年十一月七日

ノッティンガムシャー州ニューアーク・オン・トレント
ノッティンガム大学・聖スウィジン・カレッジ考古学部
アルフレッド・H・シュルーズベリ

第十章

老人の隊商《キャラバン》

なぜ人は働くのか。
それは金のためではなかった

隊商の先頭で誇らしげに馬を進めるシャル・ナダは、バビロンの豪商だった。上等の服地を好み、贅《ぜい》を尽くした似合いの長衣《ながぎぬ》をまとっていた。また毛並みのよい家畜を好み、アラブ種の牡の悍馬《かんば》を楽々と乗りこなしていた。その姿を見た者は、とても本人が高齢だとは思えなかっただろう。きっと周囲の者も、本人が心ひそかに悩んでいようとは思いも寄らなかったにちがいない。

ダマスカスからの道のりは遠く、砂漠ならではの苦難に満ちている。シャル・ナダは、そのことを憂慮していたわけではなかった。アラブ系の部族は猛々《たけだけ》しく、荷を豊富に積んだ隊商を襲って略奪しようと、虎視眈々《こしたんたん》と狙っている。シャル・ナダはそのことを恐れていたわけでもなかった。護衛にあたる駿足の騎馬隊に、安全に守られているからだった。

かたわらにいる、ダマスカスから連れてきた若者こそが、悩みの種だった。若者は名をハダン・グラといって、かつて仕事の相棒だったアラド・グラの孫にあたる。シャル・ナダはアラド・グラに恩義を感じているが、もはやその借りを返すことはできない。そこでこの孫のために何かをしてやりたいのだが、そう考えれば考えるほどむずかしいことのように思えてきて、それはこの若者本人が原因だった。

シャル・ナダは、若者が身につけている指輪や耳輪に視線を注ぎながら、ひそかに思った。「この子は宝石を男のためのものだと思っているらしいが、祖父ゆずりの精悍《せいかん》な顔立ちをしている。しかし、アラド・グラは、こんなけばけばしい長衣をまとうことはなかった。とはいえ、この子を同行させたのは、自立の道へと踏み出すのに手を貸してやれるのではないかと思ったからだ。この子の父親は遺産を食いつぶして、さんざんな状態にしてしまった。まずはそこから引き離してやらんとな」

その物思いに、ハダン・グラの声が割り込んでくる。「なぜ、あなたはそんなしゃかりきに働いて、隊商の長旅にずっと付き合っているのですか？　たまに人生を楽しむ時間を持とうとは思わないのですか？」

シャル・ナダは笑みを浮かべた。「人生を楽しむ？　もしきみがこのシャル・ナダだったら、何をして人生を楽しむかね？」

「もしぼくにあなたほどの富があったら、君主のごとく暮らすでしょう。けっして灼熱《しゃくねつ》の砂漠など渡るものですか。財布にシケル貨が流れ込んできたら、ただちに使います。特上の長衣や、世にも珍しい宝石を身につけるのです。それがぼくにとっての理想の人生、すなわち生きる価値のある人生でしょうね」そう言うと、ふたりは大声で笑った。

「きみのお祖父さんは、宝石をひとつも身につけなかったぞ」シャル・ナダは思わずそう口にしてから、冗談めかして話を続けた。「では、労働に割《さ》く時間はないというわけかね?」

「労働なんて、奴隷のためのものですから」ハダン・グラが答えた。

シャル・ナダは唇を噛んだが、何も言わず黙々と馬を進め、小道をたどって砂丘までやってきた。シャル・ナダはそこで手綱《たづな》を引いて馬を止め、彼方《かなた》にある緑の盆地を指差した。

「ほら、あそこに盆地があるだろう。そのずっと先に、かすかにバビロンの周壁が見えるはずだ。そびえ立っているのは、ベル神殿だ。もしきみの目がよければ、塔のてっぺんで永遠に燃える神火《しんか》から、煙が立ちのぼっているのが見えるかもしれん」

「では、あれがバビロンなのですか? 前々から、世界でいちばん裕福な都をぜひ見たいと思っていました。バビロンは、祖父が財産を築き始めた街です。祖父がまだ生きていたらなあ。そしたら、父やぼくがこんなに困窮することもなかったでしょう」

「なにゆえ、アラド・グラの魂が神々に定められた時間を超えて、地上に在《あ》ることを願うのかね? きみときみの父上が、アラドの遺《のこ》したりっぱな仕事を引き継げばよいだけの話だろう」

「悲しいことに、ぼくも父も、祖父のような才能を持っていません。父とぼくは、黄金のシケル貨を引き寄せる秘術を、祖父から授からなかったのです」

シャル・ナダは返事をせず、手綱をゆるめて馬を進め、物思いにふけりながら、盆地のほうへ小道を下った。その後ろに隊商の一行が続いて、赤茶けた砂塵《さじん》を巻き上げた。少し経って、一行は公道に到達し、灌漑《かんがい》された農地を南下していった。

畑を耕している三人の年老いた男たちが、シャル・ナダの目にとまった。その三人には、妙に見覚えがあるような気がした。そんなばかな！　あれから四十年も経つというのに、同じ畑を同じ男たちが耕しているなどということがあるはずがない。しかし、シャル・ナダの中の何かが、同じ男たちだと言っていた。ひとりはおぼつかない手つきで鋤《すき》を握っていた。ほかのふたりは雄牛のそばを大儀そうにのろのろ歩きながら、大した効果もあげられないまま樽板《たる》で雄牛を打って、鋤を引かせ続けていた。

四十年前、わたしはこの者たちをうらやんでいたんだ！　あのときなら、どんなに嬉々として立場を交換したことか！　しかし、今はなんという変わりようだろう。シャル・ナダは、自分のあとをついてくる隊商を、誇らしい気持ちで振り返った。選び抜かれた駱駝《らくだ》や驢馬《ろば》が、ダマスカスで仕入れた高価な品々を満載している。隊商もその荷も、シャル・ナダの財産の一部でしかない。

シャル・ナダは、畑を耕している者たちを指差して言った。「四十年前も、あの者たちは同じ畑を耕していた」

「耕しているのは確かですが、なぜ、四十年前と同じ者たちだとわかるのですか？」

「あそこにいたのを、この目で見たからだ」

頭の中を、過去の記憶がめまぐるしくよぎった。どうして自分は過去を清算して、今に生きることができないのだろうか？　するとシャル・ナダの目に、まるで絵のようにくっきりと、アラド・グラの笑顔が浮かんできた。それとともに、自分とそばにいる皮肉屋の若者とを隔てていたわだかまりが、消えてなくなった。

しかし、金を使うことばかり考え、両手を宝石で飾り立てている、そんな高慢ちきな若者を、どうやったら手助けできるというのか。意欲のある働き手にはいくらでも仕事を用意できるが、自分のことを高等すぎて労働に適さないと見ている人間に、あてがう仕事などない。それでも、この若者の祖父アラド・グラには恩義があり、生半可な尽力ではとてもその恩に報いることはできないだろう。自分もアラド・グラも、けっして物事に中途半端な取り組みかたはしなかった。ふたりとも、そんなことのできる人間ではなかったからだ。

そのとき、ふと、ひとつの案が浮かんだ。ただし、難点がいくつかあった。自分の家族や社会的な立場を考慮しなくてはならない。酷な部分もあるし、傷つけもするだろう。だが、シャル・ナダは即断即決の人だったので、難点について考えるのはやめて、踏み切ることにした。

「きみのりっぱなお祖父さんとわたしが、どういういきさつで仕事の相棒となって、莫大な利益を生む事業を営むことになったのか、聞きたくはないかね？」

「それより、祖父とあなたがどうやって黄金のシケル貨を手にしたのかを、話してくださいよ。ぼくが知りたいのは、それだけです」


シャル・ナダはその返事を無視して、話を続けた。「あの畑を耕している男たちの話から始めよう。わたしはそのころ、きみと同じくらい若かった。ある男たちの行列に加わって、この地を行進していたとき、農夫出身の気さくなメギッドが、あの男たちの杜撰《ずさん》な仕事ぶりをなじった。メギッドはわたしの隣りに鎖でつながれていたのだ。『あのたるんだやつらを見ろ』メギッドは軽蔑の声で言った。『鋤を手にしているやつは、深く耕そうという気がないし、牛を追うやつらも、牡牛にきちんと畝間《うねま》を歩かせることができない。あんないいかげんな耕しかたで、どうやってよい作物を育てようというんだ？』」

「メギッドがあなたに鎖でつながれていた、と言いましたか？」ハダン・グラが驚いてきいた。

「そう、われわれの首には青銅の首輪がはめられ、われわれのあいだには重い鎖が延びていた。メギッドの隣りには、羊泥棒のザバドがつながれていた。ザバドは、ハルーンの街にいたころの知り合いだった。鎖の向こう端には、本人が名乗らんものだから〈海賊〉というあだ名をつけられた男がつながれていた。船乗りがよくやるように、胸に絡み合った蛇の刺青を彫っていたから、海の男だろうと踏んだのだ。われわれの行列は、そうやって四列縦隊で歩くように作られていた」

「あなたは奴隷として、鎖につながれていたんですか？」まさかというような表情で、ハダン・グラが尋ねた。

「お祖父さんから、わたしがかつて奴隷だったことを聞かなかったのかね？」

「祖父はよくあなたの話をしましたが、そんなことはちっともにおわせませんでした」

「アラド・グラは、心の奥底にしまった秘密を安心して託せる男だったからな。孫であるきみも、信頼するに足る男だと思うが、どうかね？」シャル・ナダは若者の目をまっすぐ見据えた。

「口の堅さは信頼してもらって結構ですが、それにしてもびっくりしました。どんないきさつで奴隷になったのか、聞かせてください」

シャル・ナダは肩をすくめた。「誰だって、いつ突然、奴隷にならんともかぎらん。わたしの場合は、賭博と麦酒が災厄をもたらした。じつをいうと、兄の不始末の犠牲になったのだ。賭場《とば》で起こった酔っぱらいどうしのけんかで、兄は友人を殺《あや》めてしまった。兄が処刑されるという事態をなんとか避けようと、父は賠償金のかたとして、わたしの身柄を未亡人に預けた。その賠償金を、父が工面できなかったものだから、未亡人は怒って、わたしを奴隷商人に売ったというわけだ」

「なんと痛々しく、不当な話でしょう！」ハダン・グラが憤然として言った。「でも、あなたはどうやって、ふたたび自由を手にしたんですか？」

「いずれその話になるが、今はまだだ。さっきの話を続けるとしよう。われわれがそばを通ると、畑を耕していた者たちが野次を飛ばしてきた。ある男はぼろぼろの帽子を取って深々とお辞儀をし、こう呼びかけた。『ようこそバビロンへ、王の客人がた。王が周壁の上でお待ちです。そこで宴《うたげ》が張られ、泥煉瓦《どろれんが》と玉ねぎのスープが用意されております』そう言って、男たちはげらげらと大笑いした。

〈海賊〉が激怒し、大声で悪態をついた。わたしは〈海賊〉に、『あの連中はどういう意味で、王が周壁の上で待っているなどと言うんだ？』と尋ねた。

『おまえが周壁まで行進していって、そこで煉瓦を運ぶ仕事を背骨が折れるまでやらされるという意味さ。背骨が折れるよりも先に、鞭《むち》で打ち殺されるかもな。おれはそんな目にはあわない。鞭打たれる前に、相手を殺してやる』

するとメギッドが言った。『文句も言わずせっせと働く奴隷を、ご主人が鞭打って死なせるなどという話を、どこで仕入れてきたんだ？　役に立つ奴隷なら、ご主人に好かれて、優遇されるものだ』

『誰がせっせと働きたいものか』ザバドが口をはさんだ。『あの畑を耕してる連中は、じつに頭がいい。背骨が折れるほど働かず、そんなふりをしてるだけだ』

『勤労をいとう人間は、浮かび上がれない』メギッドは反論した。『一ヘクタールを耕せば、一日の仕事としては上出来で、それはどんなご主人だって認めるだろう。だが、半ヘクタールしか耕さないのは、骨惜しみをしているということだ。わたしは骨惜しみをしない。わたしは働くのが好きだし、いい仕事をするのが好きだ。労働は生涯最良の友だからな。わたしがこれまで手にした財産、農場や牛や作物やその他のものは、みんな労働がもたらしてくれた』

『へえ、それでその財産とやらは、今、どこに行っちまったんだ？』ザバドがあざける。『頭を使って、のらくらやってるほうが得だと思うがな。このザバド様を見てな。もしおれたちが周壁工事の人夫として売られたら、ザバド様は水袋を運ぶとか、何か簡単な作業をやり、労働の好きなあんたは、せっせと煉瓦を運んで背骨を折るってわけさ』と言って、ばか笑いをした。

　その晩、わたしは恐怖にとらわれて、眠れなかった。奴隷を囲った縄のそばまで寄っていき、ほかの者が寝静まるのを待って、最初の見張り番に立っていたゴドソの注意を引いた。ゴドソはよく見かける無法者のアラブ人で、いわばごろつきであり、財布を盗むときには、念のため相手の喉《のど》をかっ切っておこうと考えるような男だった。

『教えてくれないか、ゴドソ』わたしはささやいた。『わたしたちがバビロンに着いたら、周壁工事の人夫として売られるのか？』

『なんで、そんなことを知りたいんだ？』ゴドソが用心深く問い返した。

『わからないのか？』わたしは訴えた。『わたしは若い。生きたいんだ。周壁で働かされた末に、あるいは鞭打たれた末に死にたくはない。わたしがいいご主人を得られる見込みはないだろうか』

ゴドソがささやき返した。『教えてやろう。おまえはいいやつで、このゴドソ様の手を煩《わずら》わせないからな。たいてい、おれたちは真っ先に奴隷市場に行く。いいか、よく聞け。奴隷の買い手が来たら、自分は働き者で、よいご主人のために懸命に働くのが好きだと言え。相手におまえを買いたいと思わせるんだ。そこで買ってもらえないと、次の日から煉瓦を運ぶことになる。とんでもなくつらい労働だぞ』

ゴドソが立ち去ったあと、わたしは温かい砂の上に横たわって星を見上げながら、労働について考えた。労働が生涯最良の友だというメギッドの言葉を思い返し、自分もそう言えるようになるのだろうかと想像をめぐらせた。労働が自分をこの境遇から救い出してくれるなら、確かに最良の友と呼べるだろうが。

メギッドが目を覚ましたとき、わたしはその朗報を耳打ちした。それを一条の希望の光として、われわれはバビロンへ行進していった。その日の午後遅く、周壁近くまで達すると、奴隷たちの列が見えてきた。黒蟻のごとく、壁を斜めに走る急峻《きゅうしゅん》な通路を上り下りしている。さらに近づくと、何千もの奴隷たちが忙しく働くそのようすに圧倒された。ある者は濠《ほり》を掘削し、またある者は煉瓦土を混ぜて泥煉瓦を作っていた。そして大多数の者たちは、煉瓦を大きなかごに入れて、その急峻な通路をのぼり、石工のところまで運んでいた（＊1）。

差配人は歩みののろい奴隷をののしり、列を乱した者たちの背に、牛追い用の鞭を飛ばしていた。疲労困憊《こんぱい》したあわれな者たちがよろめき、煉瓦の入った重いかごの下敷きになって、二度と立ち上がれないようすが見えた。鞭打っても立ち上がらない者は、通路の端に押しやられ、苦痛にのたうつまま放置される。そして、まもなく下に引きずっていかれて、路傍に置かれた落後者たちの死体に仲間入りし、清めを受けていない墓に放り込まれるのを待つのだ。身の毛もよだつ光景を目の当《ま》たりにして、わたしは震えあがった。もし奴隷市場でしくじったら、こういう運命がわたしを待ち受けているのだった。

ゴドソの言ったとおりだった。われわれはバビロンの城門を抜けて、奴隷用の牢屋まで連れていかれ、翌朝、市場の中に設けられた囲いへと行進していった。囲いの中で恐怖に身を寄せ合う奴隷たちを、見張り番が鞭をふるってなんとか動かし続け、買い手が品定めできるようにした。メギッドとわたしは、口をきくことを許してくれた買い手のひとりひとりに、必死に話しかけた。

奴隷商人が連れてきた王の親兵たちが、〈海賊〉に足かせをつけ、〈海賊〉が抵抗すると容赦なく打ちすえた。兵たちが〈海賊〉を連れ去るのを見て、わたしは気の毒に思った。

メギッドは、わたしとの別れが近いと感じていた。近くに買い手がいないとき、わたしに向かって真剣な口調で、わたしの将来にとって労働がいかに大事かを説いた。『労働を毛嫌いする者もいる。そういう者は、労働を敵にしてしまう。それよりは、労働を友人のように扱い、自分から好きになるよう心がけたほうがいい。過酷な作業でも、いやがってはいけない。おまえさんがすばらしい家を建てようとするなら、石材が重かろうが、漆喰《しっくい》用の水を汲《く》む井戸が遠かろうが、苦にはなるまい。もしご主人を得たら、そのご主人のために力のかぎり働くと約束してくれ。たとえご主人がおまえさんのやったことを全部認めてくれなくても、気にすることはない。よくなされた労働は、なした者に益をもたらすということを忘れるな。なした者はなす前より上等な人間になれるんだ』恰幅《かっぷく》のいいひとりの農夫が柵の近くまでやってきて、値踏みの視線をこちらに向けたので、メギッドは話をやめた。

メギッドはその農夫に、農場や作物のことを尋ねつつ、自分が役に立つ人材だということを、たちまち相手に納得させた。農夫は奴隷商人と壮絶な価格交渉をくり広げた末に、丸々と太った財布を長衣の下から取り出した。すぐにメギッドは、新しいご主人に付き従っていき、姿が見えなくなった。

朝のうちに、ほかの数人が売れていった。正午になってゴドソがこっそり教えてくれたのだが、奴隷商人は取引にうんざりしており、バビロンでもうひと晩過ごすのはやめて、日暮れになっても売れ残っている者たちを全員、王が遣わした買い手に引き渡すつもりだという。わたしが絶望しかけたそのとき、温厚そうな太った男が仕切りに近づいてきて、われわれの中にパン職人がいないかと尋ねた。

わたしは進み出て言った。『どうして、旦那さんのような腕のいいパン職人が、ご自分に劣る技術しか持っていないパン職人を探すのですか？　それよりも、わたしのような意欲のある者に、あなたの熟練の技を教え込むほうがたやすくはないでしょうか？　ご覧ください。わたしは年若く頑丈で、働くのが好きです。わたしに機会を与えてくだされば、あなたの財布のために全力で金貨や銀貨を稼ぎましょう』

男はわたしの意欲に感じ入って、奴隷商人と価格交渉を始めた。奴隷商人はわたしを買って以来、さして気にも留めていなかったのだが、急に口達者になって、有能だの、体が丈夫だの、気立てがいいだのと、わたしを褒めそやした。わたしは、肉屋に売られる太った牡牛のような心持ちだった。うれしいことに、とうとう交渉がまとまった。わたしは新しいご主人について囲いを離れながら、自分はバビロンでいちばん幸運な男だと考えていた。

わたしの新しい家は、わたしの好みにぴったりだった。ご主人のナナ・ナイドが、中庭に据え付けてある石鉢で大麦を挽《ひ》くやりかた、かまどに火をおこすやりかた、蜂蜜ケーキ用に胡麻《ごま》を非常に細かく挽くやりかたを教えてくれた。わたしは、穀物がしまってある納屋に寝床をもらった。家政婦を務める年輩の奴隷スワスティが、わたしにたっぷりと食べさせてくれ、力仕事の際にわたしが手を貸すと、その仕事ぶりを褒めてくれた。

やがて、わたしが熱望していた好機が到来した。ご主人にとって役に立つ人間になり、願わくば自由を獲得する方法を見つけるための好機だ。

わたしはご主人に、パン生地をこねて焼きあげる方法を教えてほしいと頼んだ。ご主人はその意欲をとても喜んで、やりかたを教えてくれた。しばらく経ってパン焼きが上達すると、わたしはご主人に蜂蜜ケーキの焼きかたを教えてほしいと頼み、間もなくすべての商品を焼くようになった。ご主人はこれ幸いと息を抜いたが、スワスティは不服そうに首を振り、『やる仕事がないのは、誰にとっても害になる』と意見した。

わたしはそろそろ、自由を買い取るための銭を稼ぐ手立てを考え始める時期だと感じた。パン焼きの作業は正午に終わるので、午後に何かひと儲けできる商売を見つけて、その稼ぎをご主人と分け合う形にすれば、賛成してもらえるのではないか。そう考えた末に浮かんだのが、蜂蜜ケーキをもっと焼いて、街なかで小腹を空《す》かせた人たちに売り歩くという案だった。

わたしはご主人にこう持ちかけた。『わたしがパン焼きを終えたあとの午後の時間を使って、旦那様のために銭を稼げるとしましょう。その場合、稼ぎの一部をわたしが分けていただいて、欲しいものや必要なものを買えるようにするというのは、旦那様にとってうまみのある取引と言えましょうか？』

『ある。じゅうぶんにある』ご主人は認めた。そして、わたしが蜂蜜ケーキを作って売り歩くことを提案すると、大いに満足した。『では、こうすることにしよう。おまえは蜂蜜ケーキ二個を銅貨一枚で売り、売り上げ金の半分を、粉や蜂蜜や薪《まき》などの仕入れに充《あ》てる。残る半分を、おまえとわたしで折半するのだ』

売り上げ金の四分の一が自分のものになるという、その気前のいい申し出を、わたしは大喜びで受け入れた。その晩、遅くまでかかって、わたしは蜂蜜ケーキを並べる盆を作った。売り子として見栄えがよくなるようにと、ご主人がくれた古い長衣に、スワスティの助けを借りてつぎを当て、きれいに洗ってもらった。

翌日、わたしは売り歩くぶんを加えて、蜂蜜ケーキをいつもよりたくさん焼いた。盆に載せたケーキはきつね色で、いかにもうまそうに見え、わたしはそれを持って、大声で商品の名を呼ばわりながら通りを歩いた。最初は誰も興味を示さず、気持ちがしぼんでいった。それでも歩き続けていると、午後遅くなってみんなおなかが空いてきたのか、ケーキが売れ始め、間もなく盆は空になった。

ご主人は商売の成功をとても喜んで、わたしの取りぶんを快く払ってくれた。自分の金を手にして、わたしの気持ちは大いにはずんだ。奴隷がよい仕事をすればご主人が認めてくれるというメギッドの言葉は正しかった。その晩、興奮したせいでなかなか寝つけず、寝床で心を躍らせながら、一年でいくら稼げるか、何年頑張れば自由の身になれるかを計算した。

毎日盆を手に、ケーキを売り歩くうちに、常連客が何人もできた。そのひとりが、ほかならぬきみのお祖父さん、アラド・グラだ。アラド・グラは主婦を相手に敷物を売る商人で、敷物を満載した驢馬と、驢馬の番をする黒人奴隷をひとり伴って、街の端から端までを歩いていた。いつも自分のためにケーキを二個、奴隷にも二個買って、その場で食べながら、わたしと話をした。

ある日アラド・グラが言ったことを、わたしは死ぬまで忘れないだろう。『わたしはきみの売るケーキが好きだ。だが、もっと好きなのは、ケーキを売って歩こうというすばらしい進取の精神だよ。そういう気概は、成功への道を歩むきみを、はるか遠くまで連れていってくれるだろう』

しかし、恩人の孫たるハダン・グラよ、年若いひとりの奴隷にとって、そういう励ましの言葉がどれほどの意味を持つかを、どうやってきみに伝えられるだろう？　わたしは偉大なる都にひとりで放り出され、恥ずべき境遇から逃れる道を見つけようと、ありったけの力でもがいていたのだ。

数カ月が過ぎ、わたしは財布に銅貨を加え続けた。腰帯に提げた財布が、心地よい重みを持ち始めた。メギッドが言ったとおり、労働が最良の友であることが証明されつつあった。わたしは幸せだったが、スワスティは頭を悩ませていた。

『旦那様はこのところ、賭博場通いが過ぎてらっしゃるんじゃないのかねえ』と、非難がましく言う。

わたしはある日、路上でわが友メギッドに出くわして、望外の喜びを味わった。メギッドは野菜を積んだ驢馬を三頭引いて、市場に向かうところだった。『わたしはすこぶるうまくやっているよ』と、メギッド。『ご主人に仕事ぶりを高く買われて、今では奴隷の頭《かしら》を務めている。こうして市場での取引を任され、家族を呼び寄せる許可までもらえた。労働は、わたしが泥沼から這《は》い上がるあと押しをしてくれる。その助けを借りて、わたしはいつかわが身の自由をあがない、もう一度自分の農場を持つだろう』

時は流れ、ご主人はわたしがケーキ売りから戻ってくるのを、日増しに心待ちにするようになった。家に戻るとご主人が待ち受けていて、がつがつと金を数え、取りぶんを分けた。さらには、もっと客筋を掘り起こして、売り上げを伸ばすようにと発破をかけた。

わたしはしばしば城門の外に出て、周壁工事の奴隷たちを監督する差配人から注文を取った。不快な光景がくり広げられている場所を再訪するのは、いかにも気が重かったが、差配人たちはとても気前のいい客だった。ある日、ザバドが奴隷の列に並んで、かごに煉瓦を詰めているところを目にして、びっくりした。ザバドは痩《や》せ衰えて腰が曲がり、背中は差配人の鞭を受けてできたみみず腫れや傷に覆われていた。気の毒になって、ケーキを一個渡すと、ザバドは飢えたけもののように口に詰め込んだ。その血走った目を見て、わたしはケーキの盆を奪われないうちに退散した。

『どうしてきみは、身を粉《こ》にして働くのかね?』ある日、アラド・グラがわたしに言った。

きみがきょう、これとほとんど同じ質問をしたのを覚えているだろうか？　わたしはアラド・グラに、労働に関するメギッドの助言を伝え、労働がわたしの生涯最良の友となりつつあることを話した。そして誇らしい気持ちで、銅貨の詰まった財布を見せ、自由の身になるために金を貯めているのだと説明した。

『自由になったら、何をするつもりかね？』アラド・グラがきいた。

わたしは『もしそんな日が来たら、商人になるつもりです』と答えた。

すると、アラド・グラの口から、思いも寄らなかった事実が明かされた。『きみが知るはずはないが、わたしもまた、奴隷の身なのだ。わたしはこの仕事を、ご主人と共同経営している』」

「待ってください」ハダン・グラがさえぎった。「祖父の名誉を傷つけるうそを、聞きたくはありません。祖父が奴隷だったはずはない」その目が、怒りに燃えたぎっている。

シャル・ナダは冷静な態度を崩さなかった。「わたしはアラド・グラが不運を乗り越えて、ダマスカスの有力者となったことを誇りに思う。そのアラド・グラの孫であるきみは、お祖父さんと同じ心の骨組みを備えているだろうか？　きみはおごそかな事実と正面から向き合える男かね、それとも、安楽な幻《まぼろし》をかかえて生きる道を選ぶかね？」

ハダン・グラは鞍《くら》の上で姿勢を正した。心の高ぶりにかえって声を抑えながら答える。「祖父は誰にでも愛されていました。数えきれないほどの善行をなしたからです。飢饉《ききん》に見舞われたとき、祖父が私財を投じてエジプトで穀物を買い、祖父の隊商がそれをダマスカスまで運んで人々に配給したおかげで、誰も飢え死にしなかったのではありませんか？　なのにあなたは、祖父がバビロンの卑しむべき奴隷にすぎなかったとおっしゃる」

「アラド・グラがバビロンの奴隷のままだったら、卑しまれて当然だったろうが、苦労を重ねてダマスカスの偉大な男になったときに、神々はアラド・グラの不運を清算し、敬意をもってたたえたのだ。

奴隷であることを明かしたあと、アラド・グラは、自由を勝ち取ることをどんなに切望してきたかを語った。そして、それをあがなうだけの財貨を手にした今、身の振りかたをどうすべきか、迷いに迷っていた。もはや売り上げがかんばしくなかったので、ご主人という後ろ盾《だて》から離れることを恐れていたのだ。

わたしはその優柔不断ぶりに、遺憾の意を伝えた。『これ以上ご主人にしがみついていてはいけません。もう一度、自由民としての気概を取り戻してください。自由民らしくふるまい、自由民らしく志を遂げてください！　なすべきことを胸に決めれば、労働のあと押しで、きっと目標にたどり着けます！』アラド・グラは、自分の臆病さを恥じ入らせてもらえてうれしい、と言い残して去っていった（＊2）。

ある日、わたしはまた城門の外に出て、そこにたいへんな人だかりができていたので驚いた。ある男に何かあったのかときいてみると、こんな答えが返ってきた。『知らなかったのか？　親兵を殺して脱走した奴隷が裁きを受けて、きょう、殺人のかどで鞭打ちによる死刑に処せられる。王ご自身もご臨席になる』

罪人をつなぐ柱の周りはびっしりと人で埋まっていたので、ケーキの盆をひっくり返されてはいけないと、わたしは近づくのをためらった。それで、造りかけの周壁によじ登り、人々の頭越しに向こうを見た。運よく、黄金の二輪馬車で通過するネブカドネザル王ご自身の姿をとらえた。金襴《きんらん》とビロードの長衣や掛け布……。あれほど壮麗な光景は、見たことがなかった。

鞭打ちそのものは見えなかったが、処刑されるあわれな奴隷の悲鳴は聞こえた。美しきわれらが王のような高貴なかたが、そういうむごい場面に立ち会うことにどうやって耐えられるのかと思ったが、王が貴族たちといっしょに声をあげて笑い、冗談を言っているのを目にして、わたしは王が冷酷な人物であることを知り、周壁を築く奴隷たちがなぜ、あれほど非人間的な作業を強《し》いられるのかを理解した。

その奴隷が息絶えると、死体は縄で脚をしばって柱に吊るされ、さらしものにされた。人ごみがまばらになり始めたので、わたしは死体に近寄った。毛深い胸に彫られた刺青が見える。二匹の絡み合った蛇の絵柄……。それは〈海賊〉のなきがらだった。

次に会ったとき、アラド・グラは生まれ変わっていた。熱意をみなぎらせて、わたしにあいさつする。『見てくれ、きみの知り合いの奴隷は、今や自由民だ。きみの言葉には魔力が込められていた。すでに、売り上げも利益も上向きつつある。妻は大喜びしている。妻は自由民で、ご主人の姪《めい》にあたる女だ。わたしがかつて奴隷だったことを知る者のいない異国の街に引っ越すことを、妻は切に願っている。そうすればわたしたちの子どもが、父の不運のせいで体面を傷つけられる恐れがないからな。労働は、わたしのいちばんの助っ人となった。労働のおかげで、わたしは自信と販売の技術を取り戻すことができた』

わたしは、アラド・グラがかつて与えてくれた励ましの言葉に、ささやかながら返礼ができたことをとてもうれしく思った。

ある晩、スワスティがひどく憂《うれ》わしげなようすで、わたしのところにやってきた。『旦那様がたいへんなことになっている。心配でならないよ。何カ月か前、賭博場で大負けしたらしい。出入りの農夫に、穀物の代金も蜂蜜の代金も払っていない。金貸しにも、金を返していない。みんな怒って、取り立てに来ている』

『どうしてわれわれが、旦那様の愚かなふるまいに頭を悩ませないといけないいんだ？　見張り番を仰せつかっているわけでもないのに』わたしは考えもなく、そう答えた。

『脳足りんの若造だね。何もわかっちゃいない。旦那様は、借金のかたにあんたを差し出したんだよ。金貸しはあんたを堂々と自分のものにできるし、売り飛ばすことだってできる。どうすればいいのやら、あたしにはわからない。旦那様はよいかただ。なんでだろう？なんでまた、こんな災いが旦那様に降りかからなくちゃいけないんだろうね？』

　スワスティの懸念は、根拠のないものではなかった。翌朝、わたしがパンを焼いていると、金貸しがサシと呼ぶ男を連れてやってきた。その男はわたしをねめ回し、こいつでいいと言った。

　金貸しはご主人が戻ってくるのを待たず、わたしを連れていくという伝言をスワスティに託した。わたしは長衣を背中にはおり、銅貨の入った財布を腰帯にぶら下げただけの姿で、まだパンを焼いている途中の窯《かま》の前から追い立てられた。

　まるで嵐が森から一本の木を引っさらって、うねる海原へ投げ込むように、わたしはいちばん大事にしていた仕事からもぎ離され、希望を奪われた。またしても、賭博と麦酒が、災厄を呼び寄せたのだ。

　サシはがさつで、ぶっきらぼうな男だった。街なかを引っ張られていきながら、わたしは今のご主人のためにやってきた仕事について語り、新しいご主人のためにもいい仕事をしたいと訴えた。サシの返事は、なんの励ましも与えてくれなかった。

『おれはこの仕事が好きじゃない。ご主人もこの仕事が好きじゃない。ご主人は王に命じられて、おれを大運河の一区画の工事宰領に差し出した。このサシに、もっとたくさん奴隷を雇って、びしびし働かせて、早く工事を終えろって言うんだ。けっ、あんな大仕事を、早く終えられるやつがいるかって』

さて、ハダン・グラよ、きみの頭にこんな砂漠を描いてみたまえ。大きな木が一本もなく、ただ灌木《かんぼく》が生えているだけで、太陽があまりに激しく燃え盛り、樽に入った飲み水がひどく熱くなって、飲もうにも口をつけられない。次に、こんな男たちの列を描いてみたまえ。明けがたから暗くなるまで、地下深くの掘削現場へ下りていっては、泥の詰まった重いかごを引きずり、崩れやすくほこりっぽい道を上がってくる。それから、こんな食事を描いてみたまえ。飼い葉桶《かいばおけ》で供されるまずい食いものを、おおぜいの奴隷が豚のようにがっつく……。われわれには天幕もなく、寝わらもなかった。気がついてみたら、わたしはそんな環境にいたのだ。財布を土に埋めて、そこに目印をつけながら、それをふたたび掘り出す日が果たして来るのだろうかと思ったよ。

わたしは最初、前向きな気持ちで働いたが、月日がのろのろと過ぎるにつれて、意気が萎《な》えていくのを感じた。やがて、疲れきった体に暑気熱が取りついた。食欲がなくなって、羊肉や野菜がほとんど喉を通らなかった。夜になると、気持ちがふさぎ、眠れず輾転反側《てんてんはんそく》した。

その悲惨な境遇の中で、わたしは、骨惜しみしてのらくら働くというザバドの生きかたがいちばん賢明だったのではないかと、ふと考えた。が、すぐに、最後に見たザバドの姿を思い返して、その考えを打ち消した。

次に、恨みに殉じた〈海賊〉のことを胸によみがえらせ、敵と戦って敵を殺したのだから、本望だったのではないかと考えた。しかし、血が流れ続ける〈海賊〉のなきがらを思い出すと、それもまた見習うべき生きかたとは言えない気がした。

それから、最後に見たメギッドの姿をまぶたに浮かべた。両手は重労働のせいでたこだらけだったが、心は軽く、その表情には幸せがみなぎっていた。メギッドの生きかたこそが、やはりいちばん賢明だったのだ。

とはいえ、わたしもメギッドと同様、意欲を持って働いてきた。いや、勤労ぶりでは、わたしのほうが上回っているはずだ。それなのに、なぜわたしの労働は、わたしに幸せと成功をもたらさなかったのだろう？　ほんとうに労働が、メギッドに幸せをもたらしたのか、それとも、幸せと成功は単に神々の胸三寸なのか？　わたしはこの先も、望みに届かず、幸せも成功も手にすることなく、死ぬまで働き続けるのだろうか？　そんないくつもの問いが頭の中で渦を巻き、答えはひとつとして見つからなかった。まったくのところ、わたしは痛々しいほどに混乱していた。

数日後、我慢も限界に達し、なのにまだ答えにたどり着けないような気がしていたところへ、サシから呼び出しがかかった。新しいご主人の使いがやってきて、わたしをバビロンへ連れ帰るという。わたしは虎の子の財布を掘り出し、ぼろぼろになった長衣の切れ端に身を包むと、使いの馬の後ろに乗って、バビロンへの帰途についた。

馬の背に揺られながら、熱に浮かされたわたしの脳みその中を、嵐にもてあそばれているような感覚がぐるぐると駆け巡った。生まれ故郷のハルーンに伝わる唱歌の不思議な歌詞そのままの世界を、自分が生きているように思えた。

竜巻のごとく男を囲み
暴風のごとく吹き飛ばせば
男のゆくえは誰にもたどれず
その行く末は占えもせず

わたしは自分のあずかり知らぬ罪を、こうして永遠に償い続ける定めなのだろうか？行く手にどんな新しい苦難と失望が待ち受けているのか？

さて、そんな心細さを胸に、新しいご主人の家の中庭に入っていったときの、わたしの驚きを想像してみたまえ。そこにはなんと、アラド・グラが待ち受けていたのだ。アラド・グラはわたしに手を貸して馬から下ろし、長いこと生き別れになっていた弟にするように、わたしを抱き締めた。

ふたりで歩きだしたとき、わたしが奴隷の分《ぶん》を守って後ろにつこうとすると、アラド・グラはそれを許さなかった。わたしの肩に腕を回して言う。『ずいぶんあちこちと捜したよ。ほとんどあきらめかけていたときにスワスティに出会い、金貸しのことを教えてもらって、その金貸しからきみのご主人である貴族の居場所を聞いた。交渉に手間取って、法外な額を払わされたが、きみにはそれだけの価値がある。きみの処世訓と進取の精神がわたしを奮い立たせて、この新たな成功へ導いてくれたんだからな』

『あれはメギッドの処世訓で、わたしのではありません』

『メギッドときみの処世訓だ。きみたちふたりのおかげで、わたしはダマスカスに進出する。仕事の相棒として、きみが必要なのだ。さあ、一瞬のうちに、きみは自由民だぞ！』アラド・グラはそう言いながら、わたしの身柄の所有権が記された粘土板を、長衣から取り出した。その粘土板を頭上に掲げ、敷石に叩きつけて粉々にする。歓喜の声とともに破片を踏みしだき、やがて破片はちりと化した。

わたしの両目に、感謝の涙がこみ上げてきた。今こそ、わたしはバビロンでいちばん幸運な男だった。

まあ、そんなわけで、人生最大の窮地ともいうべき時期に、労働こそ最良の友であることが証明されたのだ。労働に対して前向きだったおかげで、わたしは、つらい労役を強いられる周壁の工事現場に売られずにすんだ。さらには、その姿勢がきみのお祖父さんに気に入られて、仕事の相棒に取り立てられた」

ここで、ハダン・グラが質問した。「祖父が黄金のシケル貨を探し当てるのに使った秘密の鍵とは、労働だったのですか？」

「初めて出会ったとき、アラド・グラはその一本の鍵しか持っていなかった」シャル・ナダが答えた。「きみのお祖父さんは労働を楽しんだ。神々はその努力を高く評価して、気前よくそれに報いたのだ」

「わかってきました」ハダン・グラは噛み締めるように言った。「労働が祖父のもとに数多くの友人を引き寄せたんですね。その友人たちは祖父のたゆまぬ努力と、努力がもたらした成功に感服していた。労働は祖父に名誉をもたらし、祖父はダマスカスで存分にその名誉に浸った。労働は祖父に、ぼくが是《ぜ》としてきたものすべてをもたらした。なのにぼくは、労働を奴隷に似つかわしいものとしか思っていなかった」

「人生は、味わうべき数多くの喜びに満ちている。どの喜びにも、それぞれの役割がある。労働が奴隷だけのものではないことを、わたしはうれしく思う。労働が奴隷の専用物であったなら、わたしは人生最大の喜びを奪われていただろう。わたしが享受している喜びは数多いが、労働に代わるものはほかにない」


シャル・ナダとハダン・グラは、そびえ立つ周壁が作る影へと馬を乗り入れ、バビロンの巨大な青銅の城門をめざした。ふたりが門に近づくと、門番が気をつけの姿勢を取り、誉れ高き臣民に対してうやうやしく敬礼した。シャル・ナダは頭を高くそらしながら、長い隊商の列を引き連れて城門をくぐり、街の通りを進んでいった。

「ぼくは祖父のような男になりたいと、ずっと思ってきました」ハダン・グラが打ち明けた。「ですが、祖父がどのような人物だったか、以前は少しもわかっていませんでした。それをあなたが教えてくれたのです。理解した今は、以前にも増して祖父に敬服し、あのようになりたいという決意を新たにしました。祖父の成功のほんとうの鍵を教えてくださったあなたには、どんなに感謝してもしきれないでしょう。きょうこの日から、ぼくは祖父の鍵を使うつもりです。祖父にならって、低い身分から出発することにします。宝石や上等の長衣などより、そのほうがはるかに、ぼくのほんとうの地位にはふさわしい」

ハダン・グラはそう言いながら、宝石のついた金ぴかの飾りを耳からはずし、指輪を引き抜いた。そのあと、手綱を引いて後方に下がると、心から敬意を払いつつ、隊商の頭《かしら》のあとに続いた。

＊古代バビロンの有名な建築物、すなわち周壁、神殿、空中庭園、大規模な運河などは、奴隷の肉体労働によって築かれた。その奴隷の大半が戦争捕虜で、だから非人間的な扱いを受けたのではないかと思われる。こうした労働力の中には、バビロンやバビロンの周辺地域の臣民も多数含まれており、その者たちは罪を犯したり、金銭上の問題を起こしたりしたことが原因で、売られて奴隷となっていた。バビロンの人たちの一般的な慣習として、自分や妻子を担保にして、負債や罰金、その他の債務の支払いを保証することが行なわれていた。契約不履行の場合は、担保にされた者は売られて奴隷となった。

＊古代バビロンの奴隷に関する慣習は、われわれの目には矛盾した内容に映るかもしれないが、法によって厳密に規定されていた。例えば、奴隷にもあらゆる種類の資産の所有が認められ、自分の奴隷を持つことさえ可能で、その奴隷の奴隷には主人の所有権が及ばなかった。また、奴隷が非奴隷と婚姻関係を結ぶこととも自由だった。自由民の母から生まれた子どもは、自由民とされた。またバビロンの商人の大半が奴隷だった。その多くは自分の主人と共同経営者の関係にあり、自身の力で裕福な暮らしを営んでいた。

バビロンの歴史

人類史のどのページを見渡しても、バビロン以上に魅惑的な都市はない。バビロンという地名そのものが、富と光輝に彩られた幻像を心に呼び起こす。この街が有する金銀財宝は、莫大なものだった。人はおのずと、それほど裕福な都なら、南国のいかにも悠然たる地勢に抱かれ、森林や鉱山などの豊かな天然資源に囲まれていたものと想像をめぐらすだろう。だが、実際には、そうではなかった。バビロンはユーフラテス川流域の乾燥した平地にあった。森林も鉱山もなく、建築用の石材さえなかった。交易の要衝《ようしょう》ですらなかった。降水量も、作物を育てるには、じゅうぶんではなかった。

バビロンは人類の持つ能力、すなわち使えるかぎりの手段を使って大いなる目標を達成する能力の、たぐいまれな結晶だと言える。この大都市を支える資源はすべて、人類が開発したものだった。その豊かさはすべて、人類が築いたものだった。

バビロンは、わずかふたつの天然資源を持つにすぎなかった。肥沃《ひよく》な土壌と河川の水だ。バビロンの技師たちは、古今有数の工学技術の粋《すい》を尽くして、ダムと大規模な灌漑《かんがい》水路を建造し、ユーフラテス川から水を引いた。この水路は乾燥した平地の彼方《かなた》まで走り、肥沃な土壌に生命の水を注いだ。これは、人類初の技術的快挙のひとつとして歴史に残っている。この灌漑システムの恩恵を受けて、世の人々がそれまで目にしたことがないほど潤沢《じゅんたく》な量の作物が収穫された。

バビロンは長きにわたって栄えたが、幸いなことに、代々の王たちは、たまさかにしか他国の征服や略奪をくわだてなかった。戦《いくさ》の数は多かったものの、そのほとんどは局地戦か、さもなければ、バビロンの莫大な財宝を狙う野心満々の蛮族たちを相手にした防衛戦だった。バビロンの傑出した統治者たちが歴史に名を残している理由は、その叡智《えいち》、進取の精神、公正さにある。世界を征服して、すべての国を意のままにしようともくろむ尊大な王など、バビロンはひとりも生まなかった。

バビロンという都市は、もはや存在しない。この都市を築き、数千年にわたって維持してきた人の精気が萎《な》えると、たちまち廃墟となってうち捨てられた。この都市はアジア大陸に属し、スエズ運河の東方約千キロメートル、ペルシャ湾の北に位置する。緯度は北緯約三十度で、アリゾナ州ユマとほぼ同じ。このアメリカの都市とは気候も似ていて、気温が高く、空気は乾燥していた。

バビロンがあったユーフラテス川流域の平地は、かつては人口密度の高い灌漑農業地帯だったが、今日ではふたたび、乾いた風の吹き抜ける不毛の地と化している。わずかな草や砂漠の灌木《かんぼく》が、舞い飛ぶ砂塵《さじん》にあらがって、なんとか生きながらえようとしている。肥沃な農地、幾多の巨大都市、奢侈《しやし》な品々を運ぶ隊商の長い列は姿を消してしまった。アラブの遊牧民族が、ささやかな家畜の群れを飼育して生計を立て、それ以外にこの地域をすみかとする者はいない。西暦紀元が始まったころから、こういう状態が続いている。

この流域には、砂の丘陵が点在している。何世紀ものあいだ、ここを通りかかる者は、単なる砂の丘陵としか見なしていなかった。考古学者たちの関心がようやくこの地形に向けられたのは、そこから陶器や煉瓦《れんが》の破片が、時折訪れる風雨に洗われて出土したからだった。そこで、ヨーロッパやアメリカの博物館が出資した調査隊が派遣され、大がかりな発掘が行なわれた。ほどなく、つるはしとショベルによって、これらの丘陵は古代都市の跡であることが判明した。いわば、壮大な都市の墓場だ。

その埋もれた都市のひとつが、バビロンだった。およそ二千年にわたって、風がバビロンの上に砂漠の砂をまき散らしてきた。もとは泥煉瓦でできていたむき出しの周壁は、崩れ落ちてふたたび土に還った。それが、栄華《えいが》をきわめたバビロンの今日の姿だ。その土砂の山はあまりに長く放置されていたため、最初は誰も地名すらわからず、街路の跡から、また聖なる神殿や宮殿の崩れた残骸から、何百年ものあいだに積もった塵芥《じんかい》を慎重に取り除いて、街が発見されるに至り、ようやく都市の名が判明したのだった。

多くの学者が、バビロンや同じこの流域にあるいくつかの古代都市の文明を、明確な記録のある中で最古のものと見なしている。バビロンが存在したという確証が得られる年代は、八千年前までさかのぼる。これに関しては、年代を特定する手段として興味深い事実が用いられた。バビロンの遺跡から、日食についての記述が発見されたのだ。現代の天文学者たちは、その記述にあるような日食がバビロンで観測された時期をたやすく算出し、それによってバビロンの太陰暦とわれわれの太陽暦とのあいだの、今ではよく知られた関係性を明らかにした。

こうして、八千年前のバビロニアの民であるシュメール人が、周壁に囲まれた諸都市に住んでいたことが証明された。その時点より何世紀前からそういう都市が存在したのかは、ただ推測するほかはない。街を守る壁の内側に住んでいたのは、単なる未開の民ではなかった。教育もある、文化的に洗練された人々だった。文献が示すかぎりにおいて、彼らは人類最初の技師であり、最初の天文学者であり、最初の数学者であり、最初の資本家であり、最初に文字言語を持った民族集団でもある。

すでに触れたとおり、灌漑システムが乾燥した平地を農耕の楽園へと一変させた。長年のあいだに堆積《たいせき》した砂でほぼ埋まってしまっているが、今でもその水路の跡をたどることはできる。何本かの水路は、水を抜くと、底面を馬十二頭が横並びで歩けるほどの幅があった。大きさでいうと、現代のコロラド州やユタ州にある最大級の運河に優に匹敵する。

バビロンの技師たちは、乾燥地を灌漑したばかりではなく、同規模の別の事業も完成させた。複雑な排水システムを使って、ユーフラテス川とチグリス川の河口にある広大な湿地帯を干拓し、そこもまた耕作地としたのだ。

　ギリシアの旅行家にして歴史家でもあるヘロドトスは、全盛期のバビロンを訪れ、外部の人間が書いたものとして唯一知られる文章を残した。そこには、バビロンという都市や、住人たちの変わった慣習のいくつかが描かれている。また、バビロンの土壌が驚くほどに肥沃で、その土壌から豊富な量の小麦や大麦が生み出されていることにも、紙幅が割《さ》かれている。

　バビロンの栄光はやがて色あせたが、その叡智は今日まで生き延びてきた。それは、バビロンの人々が用いた記録様式のおかげだろう。遠い昔のその時代には、紙の利用は考案されていなかった。彼らは紙の代わりに、湿った粘土の板に苦心して文字を刻んだ。刻み終わると、板は窯《かま》で焼かれて硬い瓦になった。大きさは約十五センチ×二十センチ、厚さは約二・五センチだった。

　一般に粘土板と呼ばれるこの記録媒体は、現代のわれわれが書きものの際に紙を使うのと同様、大いに利用されていた。伝説や詩、歴史、勅令の写し、土地に関する法律、資産の権利書、約束手形、また伝令によって遠方の都市まで送られる急信までが、この板に刻まれた。われわれはこれらの粘土板のおかげで、バビロンの住民個々の私生活に深く立ち入ることができる。例えば、田舎の商店主が書いた記録の一部とおぼしき粘土板には、所定の日付において、とある名前の顧客が牛一頭を持ち込み、それを小麦七袋と交換して、うち三袋はその場で渡し、残り四袋は顧客の要望があったときに渡すものとした、と刻まれている。

これらの粘土板を収めた文書館は、無傷のまま、崩壊した都市の瓦礫《がれき》に埋もれていたので、考古学者たちは施設ごと掘り出し、数十万枚の粘土板を回収した。

バビロンの数ある不思議の中でも際立つのが、街を取り囲む壮大な周壁だった。古代の人々はこの周壁を、エジプトの大ピラミッドと並べて〈世界七不思議〉に数えあげた。最初にこの壁を建造したのは、バビロニア初期のセミラミス女王だったとされる。現代の発掘隊は、その時代の周壁のいかなる痕跡も発見できていない。正確な高さも不明だ。当時の書き手が残した記録から、高さは約十五メートルないし十八メートル、外側を焼いた煉瓦で覆って仕上げ、さらにその外側を深い水濠《すいごう》で囲んでいたと考えられる。

のちに造られた、もっと有名な周壁は、紀元前六百年ごろ、ナボポラッサル王によって着工された。この修復工事は、とてつもない規模で計画されたため、ナボポラッサルの存命中には完了しなかった。事業を引き継いだ息子のネブカドネザル二世は、聖書にも登場し、歴史に名を残している。

修復された周壁の高さや長さは、度肝を抜くものだった。信頼できる史料の記述によれば、高さは約五十メートルで、十五階建てのオフィスビルに匹敵する。全長は約十五キロメートルないし十八キロメートルと推定される。頂部は非常に幅が広く、六頭立ての二輪馬車を乗り回せるほどだった。この途方もなく巨大な建造物のうち、現存しているのは、一部の基礎と濠《ほり》を除けばごくわずかだ。各部分の荒廃に加えて、アラブ人たちが別の工事の資材にするため煉瓦を切り出し、破壊の仕上げをしたのだった。

征服戦争の時代、このバビロンの周壁に向かって、侵略をもくろむあまたの王という王が、次々と屈強の軍勢を送り込んできた。街を包囲した王も多かったが、いずれもむだに終わった。当時の侵略軍の兵力は、けっして軽視できないものだった。歴史家たちの記述によれば、騎馬兵一万、二輪戦車二万五千、一千名から成る歩兵連隊が千二百隊という規模だったという。進軍計画に沿った軍需物資や糧食の調達に、二、三年の準備期間を要することもよくあった。

バビロンの街は、現代の都市そっくりに構築されていた。街には通りや店舗があった。行商人が住宅地域を回って、商品を売り歩いた。神官が壮麗な神殿で儀式を執り行なった。街の内部に、さらに王宮を囲む壁があった。この内壁は、街を囲む周壁よりも高かったと言われている。

バビロンの民は、工芸の技術に長《た》けていた。分野としては、彫刻、絵画、織物、金細工、金属兵器や農機具の製造などがある。バビロンの宝石職人は、非常に技巧をこらした宝飾品を作り出した。その現物が、バビロンの富裕な臣民の墓から数多く掘り出され、現在は世界各地の名だたる博物館で展示されている。

人類史の早暁《そうぎょう》とも呼ぶべき時代、他の地域ではまだ石斧《せきふ》で木を叩き切ったり、石器をつけた槍《やり》と矢で狩りや戦いが行なわれていたころに、バビロンの人々は先端部分に金属を使った斧《おの》や槍や矢を使っていた。

バビロンの民は頭脳明晰な理財家であり、実業家だった。われわれの知るかぎりでは、取引の手段としての貨幣や、約束手形や資産の権利証書を最初に発明したのも、この人々だ。

紀元前五百四十年ごろまで、バビロンは敵軍に侵入されたことがなかった。ついに侵入されたときですら、周壁は攻略されなかった。バビロン陥落の物語は、きわめて珍しい展開を見せる。当時の偉大な征服王のひとりであるキュロス大王が、この街に侵攻することをくわだて、難攻不落の周壁を攻め落とそうと考えた。バビロンの王ナボニドスは、顧問官たちの進言に従って、周壁の外でキュロスを迎え討ち、バビロンが包囲されるのを待たずに攻撃を仕掛けた。この戦いに敗れて、バビロン軍は街から逃げ出した。その結果、キュロス大王は周壁の開かれた門から街に入り、なんら抵抗を受けることなく、バビロンを手中に収めたのだ。

その後、バビロンの勢力と威信は徐々に衰えていき、数百年のあいだに、さびれ、うち捨てられて、風と時間の力でもう一度平らに均《なら》され、街の偉観が現われいずる前の不毛の砂漠へと還った。バビロンは崩壊し、二度とよみがえることはなかったが、人類の文明はバビロンに負うところが大きい。

はるかなる歳月が、そそり立つ神殿の誇らかな壁を微塵《みじん》に砕いた。けれど今なお、バビロンの叡智は生き続けている。

訳者あとがき

バビロンと聞いて、あなたは何を思い浮かべるだろうか？

空中庭園？　ハンムラビ法典？　旧約聖書のバベルの塔？　バビロン捕囚？

もしかすると、この本に書かれた〝一割貯金〟のことを連想した人も多いかもしれない。あるいは、もっと漠然と、〝黄金の都〟、蓄財術発祥の地というイメージをふくらませた人もいるだろう。

しかし、史実として、バビロンが特に（他の文明と比べて）独創的な経済制度を生み出したとか、公の施設で蓄財セミナーが開かれていたとかいう証拠はない。もちろん、それを否定する証拠もない。要するに、いまだ解明されていない古代史の謎、ロマンに属する部分なのだ。

あなたの中でもし、バビロンという地名と蓄財術が結びつくとしたら、それは直接的もしくは間接的に、この『バビロンの大金持ち』という本の影響を受けている公算が大だと思われる。底本である“The Richest Man in Babylon”がアメリカで刊行されたのは一九五五年で、以来六十五年以上にわたって読み継がれてきた。さらに、そのもととなった一篇ずつの寓話が、経営者や投資家向けのパンフレットの形で配布され始めたのは、一九二六年のことだと言われていて、つまりは、九十年を超える年月のあいだ、世界じゅうの読者に読み継がれ、熱烈な支持を受けてきた物語だということになる。

　近年評判になった蓄財、投資、経営、金融、自己啓発関係のベストセラーの多くが、この本を重要な参考資料、あるいは発想の典拠として掲げているし、成功を収めた経営者や投資家の中にも、この本を愛読書のトップに挙げる人は多い。

　いわば、蓄財の（そして“築”財の）聖書とも呼ぶべき永遠の宝典。ここに込められた奥義《おうぎ》の数々は、どれも読んですぐ実践できる（したくなる）ものであり、なおかつ、歳月によって色あせることのない普遍的な価値を秘めている。

　今回、この古典的名著を新訳の形であらためて世に問うに当たって、訳者としてはあくまで、一九五五年版の原文に忠実であることを心がけた。アメリカでは、二〇〇七年に新版が刊行されているが、あえて参照することはしなかった。また、日本でも、二〇〇〇年にキングベアー出版から『バビロンの大富豪』という邦題で訳書が刊行されているが、そちらにも目を通していない。

原書には、明らかに史実と食い違う記述が何箇所かある。バビロンにはそもそも、紀元前十九世紀の第一王朝以来、大きく分けても四つの時代があり、さらに紀元前七世紀に興った新バビロニア帝国の時代があるが、著者クレイソンがどの時代を舞台にしているのかが判然としない。五千年前、六千年前などという数字が出てくる一方で、新バビロニア時代の建築物である空中庭園がちらっと登場したりする。しかし、本書の趣旨に照らせば、これは時代考証の不備というより、著者の奔放な想像力の表われと見るべきだろう。野暮な修正は施さないことにした。複利計算などの数値にも、小さな誤りがあったが、電卓のない時代に書かれたことを考えると、じゅうぶんに許容範囲と見なせるし、むしろ厳密な数値に正すことで原文の熱気が削がれるような気がしたので、そのままにした。念のため、お断りしておく。

楡井浩一

本書は二〇一八年に河出書房新社から刊行された『バビロンの大金持ち』を加筆・修正したものです。

バビロン
大富豪の教え

The
Richest
Man In
Babylon

「お金」と「幸せ」を生み出す五つの黄金法則

2021年1月19日　第1刷発行
2024年1月15日　第5刷発行

原　作　ジョージ・S・クレイソン
訳　者　楡井浩一
ブックデザイン　吉岡秀典（セプテンバーカウボーイ）
イラスト　坂野旭
発行者　山本周嗣
発行所　株式会社文響社
〒105-0001
東京都港区虎ノ門2-2-5 共同通信会館9F
ホームページ　http://bunkyosha.com
お問い合わせ　info@bunkyosha.com

印刷・製本　中央精版印刷株式会社
日本ハイコム株式会社

ISBNコード：978-4-86651-294-5　Printed in Japan

この本に関するご意見・ご感想をお寄せいただく場合は、
郵送またはメール（info@bunkyosha.com）にてお送りください。